Yunqi Zhuhong

Die Zen-Peitsche

Angkor Verlag

Die Zen-Peitsche./Zhuhong, Yunqi. (Originaltitel: Changuan cejin 禪關策進). Deutsch von Guido Keller und Taro Yamada. – Frankfurt: Angkor Verlag, 2019.

Lektorat: Susanne König
Coverabbildung vorn: iStock/anants
(Zeichen für *mu/wu*)
Website: www.angkor-verlag.de
Printed in Germany

ISBN TB: 978-3-943839-47-0
Ebook: 978-3-943839-48-7

Einleitung

Yunqi Zhuhong (雲棲袾宏, 1535-1615, jap. Unsei Shukô) verfasste neben einer kommentierten Sammlung von Geschichten über Chan-Meister der Ming-Dynastie *(Huangming mingseng jilue)* und den „Bambusfensternotizen" (*Zhuchuang suibi* 竹窗隨筆) im Jahr 1600 die vorliegende „Peitsche für den Ansporn zum Überwinden der Chan-Grenzschranken" *(Changuan cejin)*, oder kurz: „Die Zen(Chan)-Peitsche". Diese Peitsche steht hier u. a. für einen Text, der sich mit wenigen Worten aufs Wesentliche konzentriert. Er versammelt zum größten Teil Chan-Geschichten von der späten Tang- (9. Jh.) bis zur späten Ming-Dynastie (16. Jh.), desweiteren zu etwa einem Fünftel Auszüge aus Sutren und Abhandlungen. Inhaltlich behandeln sie vor allem die gelebte Chan-Praxis, und das im Hinblick auf das von Dahui Zonggao (1089-1163) geprägte *kanhua chan* (jap. *kanna zen*). Dieses besteht aus dem Lotussitz in Verbindung mit der Konzentration auf ein „Schlüsselwort" bzw. eine ganze Redewendung (話頭 *huatou*; jap. *watô*, kor. *hwadu*), das aus einer längeren Geschichte, dem „Fall" oder *gong'an* (jap. *kôan*), stammt. Die Verbindung von Sitz- und *huatou*-Praxis wird hier *gongfu* genannt, was so viel wie „Arbeit" und „Mühe" bedeutet. Dabei bestand Dahui jedoch darauf, dass die Schüler nicht am Sitzen als etwas Letztgültigem *(jiujing)* anhafteten, sondern es als „geschicktes Mittel" *(upâya)* ansahen, auf das man gegebenenfalls auch verzichten konnte. Dem Zertrümmern des gewöhnlichen Denkens (des „Geistes von Geburt-und-Tod") kam die wesentliche Bedeutung zu. Ein zentraler Begriff dabei ist die Energie, Begeisterung, Anstrengung *(vîrya)*, die als vierte der sechs Haupttugenden *(pâramitâ)* im Mahâyâna-Buddhismus gilt.

Yunqi Zhuhong praktizierte zunächst die *nianfo* (jap. *Nembutsu*)-Rezitation. Mit einunddreißig Jahren wurde er buddhistischer Mönch, begegnete dem Chan-Meister Xingtian Wenli, begab sich auf Pilgerreise zum Berg Wutai und übte in der Hauptstadt Yanjing (dem heutigen Peking) für kurze Zeit beim Huayan-Meister Bianrong Zhenyuan (1506-1584) und bei Xiaoyan Debao (1512-1581), der über Gaofeng Yuanmiao (1238-1295) der Linji-Linie des Chan angehörte. In einem Abschnitt der „Zen-Peitsche" wird auf Gaofengs „Drei Kernlehren" *(san yao)* eingegangen, zu denen auch die Empfindung oder das Gefühl von *yi* 疑 gehört, was im Allgemeinen mit „Zweifel" wiedergegeben wird. Wir folgen hier Jeffrey Broughton und Alan Gerard Wagner (in seiner Dissertation über den Chan-Laien Yan Bing) und haben uns für „Zögern-und-Zittern" entschieden, um den umfangreicheren Bedeutungsgehalt des Wortes *yi* zu erfassen.

Xiaoyan Debao empfahl in seltenen Fällen das *Nembutsu* als Ersatz für ein *gong'an* (Koan), ohne jedoch die Wiedergeburt im Reinen Land *(wangsheng)* zu lehren. Zhuhong wird so gut wie nie als Nachfolger Debaos geführt (dies war Longchi Huanyou, 1549-1614). Er hielt zwar „die Verwirklichung des Chan und das Reine Land für zwei Wege zum selben Ort" und verfasste selbst einen „Kommentar zum Amitâbha Sûtra" *(Amituo jing shuchao)*, jedoch auch eine „Sammlung von Geschichten über Wiedergeburt im Reinen Land" *(Wangsheng ji)*.

Nianfo bzw. *Nembutsu* hat weite Teile des chinesischen Chan geprägt, eine Trennung wie später im Japan der Edo-Zeit wurde als unnötig erachtet. Schon vom fünften Patriarchen Hongren gingen zwei diesbezügliche Linien ab, die von Jingzhong und die von Xuanshi. Die Silbe *nian (nen)* 念 leitet sich vom Sanskrit-Wort für Achtsamkeit *(smrti)* her. Zhuhong sieht in der *Nembutsu*-Praxis vor allem eine Form der geistigen Konzentration, wie sie auch im Chan geübt wird.

1571 errichtete Zhuhong eine kleine Hütte auf dem Berg Yunqi in der Region Hangzhou und restaurierte bis 1577 einen alten Tempel in deren Nähe. Er nannte ihn Yunqi-Kloster und weilte darin bis zu seinem Tod im Jahre 1615.

Schon 1624 wurde Zhuhongs Gesamtwerk in China unter dem Titel „Yunqis Dharma-Kategorien" *(Yunqi fahui)* veröffentlicht. In Japan wurde die „Zen-Peitsche" sein einflussreichstes Werk. Insbesondere Hakuin Ekaku soll das Kompendium stets bei sich getragen haben. Jedenfalls sind in seinem Gefolge einige kommentierte Ausgaben entstanden, von denen die (verschollene) seines Schülers Tôrei Enji ein persönliches Geschenk für den Meister war.

Als Quellen für die „Zen-Peitsche" wurden ausgemacht: (1) „Überblick über die Buddhas und Patriarchen" *(Fozu gangmu)* in 41 Abschnitten von Zhu Shi'en alias Laie Xinkong in einer vorläufigen Version, da es erst 1633 – also nach Zhuhongs Tod – fertig wurde; (2) fünf „Überlieferungen der Lampe" aus der Song-Dynastie in je 30 Abschnitten *(Jingde chuandenglu, Tian-sheng guangdenglu, Jiatai pudenglu, Jianzhong jingguo xudenglu, Liandeng huiyao)*; (3) „Aufzeichnungen von Aussprüchen" *(zhu yulu)*, also mündlicher Lehren; „*yulu*" stellen häufig keine kompletten Reden oder Ansprachen dar, sondern eher kurze Anmerkungen; (4) „verschiedene Biografien" *(za zhuan)*, z. B. *Chanlin baoxun* und *Rentian baojian*, die Lebensläufe, Worte und Taten von Chan-Meistern als Rollenmodelle verzeichnen.

Der als Synkretist der Schule des Reinen Landes und des Chan angesehene Chan-Meister Yongming Yanshou (904-976) schrieb in seinem Werk *Zongjinglu*: „Frage: ‚Eure vorige Analyse von Prinzip und Phänomen klärt, dass es außerhalb von Buddha keinen Geist und außerhalb des Geistes keinen Buddha gibt. Warum gehen die traditionellen Lehren noch weiter und entwickeln die Dharma-Methode der *Nembutsu*-Rezitation?' Antwort: ‚*Nembutsu* ist für diejenigen, denen es an Vertrauen darin fehlt, dass der eigene Geist Buddha ist, und die im Äußeren suchend umherirren. Wer mindere oder mittelmäßige Anlagen hat, den lassen wir behelfsweise über den Formenkörper Buddhas nachsinnen und binden so seinen Geist an diese gegenständliche Stütze, um wenigstens eine grobe Form von Achtsamkeit zu erzeugen. Dies bedeutet, das Äußere zu nehmen, um das Innere zu offenbaren, damit ein Schüler Schritt für Schritt zu seinem eigenen Geist erwacht. Im Falle derjenigen von hoher Veranlagung lassen wir sie einfach Chan-Sitzen üben und über die Wirklichkeit des formlosen Buddha-Körpers nachsinnen."

G.K., T.Y.

Bibliografische Angaben

Fujiyoshi Jikai (transl.): *Zenkan sakushin* 禅関策進, Zen no goroku 19. Tokyo, 1970. [Moderne japanische Übersetzung der „Zen-Peitsche" mit Anmerkungen.]

Jeffrey L. Broughton, Elise Yoko Watanabe: *The Chan whip anthology: a compendium to Zen practice.* Oxford, 2015.

Thomas Cleary: *Meditating with Koans.* Jain Pub Co, 1992. [Zwei Übersetzungen ins Englische, unter denen die von Broughton/Watanabe herausragt.]

Jikugyô Keizan: *Zenkan sakushin senge* 禪關策進箋解. Kyoto, ohne Datum. [Zwischenzeiliger Kommentar aus dem Jahr 1836 zur „Zen-Peitsche", der sich auf eine verlorene Fassung von Tôrei Enji stützt.]

Wakao Gyôzan: *Zenkan sakushin kôgi* 禪關策進講義. Tokyo, 1909. [Lektionen des Meisters Wakao Kokuei (Gyôzan) aus der Meiji-Zeit zur „Zen-Peitsche", online einsehbar bei der National Diet Library ("Digital Library from the Meiji Era"):
http://kindai.da.ndl.go.jp/info:ndljp/pid/899711/1.]

Yoshizawa Katsuhiro (ed.): *Shoroku zokugo kai* 諸録俗語解. Kyoto: Zen bunka kenkyûjo, 1999. [Erklärung von Umgangssprache in Zen-Werken, verfasst von Mönchen des Tenryû-ji und Nanzen-ji in Kyoto, im ersten Teil zu schwierigen Ausdrücken in der „Zen-Peitsche".]

Vorwort von Yunqi Zhuhong

Was könnte Chan mit Grenzschranken zu tun haben? Der Weg hat weder ein Innen noch ein Jenseits, weshalb man weder ein- noch heraustreten kann. Wenn sich die Menschen dem Weg widmen, gibt es dabei jedoch Täuschung und Erwachen. Deshalb wird der gute Lehrer, der einen Grenzübergang bewacht, nur bei passender Gelegenheit das Tor öffnen und schließen. Er wacht sorgsam über den Torschlüssel und stellt streng seine Fragen. Diejenigen, die durch einen Wechsel der Wortwahl und der Kleidung mit List den Übergang schaffen wollen, kommen mit ihrer Heimtücke nicht durch. Diese Grenzübergänge werden seit alters nicht leicht durchquert.

Als ich zum ersten Mal mein Zuhause verließ, erwarb ich in einer Buchhandlung der Stadt ein Werk mit dem Titel *Chanmen fozu gangmu* („Aufzeichnung von den Buddhas und Patriarchen des Chan-Tores"). Darin erzählen viele verehrte Mönche vergangener Zeiten davon, wie sie aktiv Chan und den Weg studierten und anfänglich Schwierigkeiten hatten, später allmählich Fortschritte bei ihrer mühevollen Konzentration auf die eine Angelegenheit *(gongfu)* machten und das grenzenlose himmlische Erwachen erlangten. Von ganzem Herzen liebte und verehrte ich dieses Buch und gelobte, damit zu üben. Danach stieß ich nie wieder auf dieses Werk. Ich las die Aufzeichnungen der „Fünf Lampen", der zahlreichen Chan-Aussprüche und verschiedene Biografien. Jeglichen Unterschied zwischen Ordinierten und Laien verwarf ich und beschloss, nur Berichte tatsächlicher und praktischer, nachvollziehbarer Erkundungen des Chan und tatsächlicher und praktischer Erfahrungen des Erwachens mit dem oben erwähnten Kompendium zu verschmelzen. Ich straffte ein paar sperrige Formulierungen, konzentrierte mich aufs Wesentliche und stellte so ein kompaktes Bändchen zusammen. Den Titel änderte ich in: „Peitsche für den Ansporn zum Überwinden der Chan-Grenzschranken". Im Kloster könnt ihr es auf euren Tisch legen, auf Reisen in eurer Tasche mitnehmen. Ein Blick darauf, und euer Ehrgeiz, den Weg zu suchen, wird angestachelt, und schon hellt sich eure Miene auf. Es wird eine Peitsche für euren Eifer sein und euch vorantreiben. Vielleicht gibt es den Einwand: „Dieses Buch ist für diejenigen, die die Grenzübergänge noch nicht passiert

haben. Die anderen sind schon fort und kehren niemals zurück – welchen Nutzen sollten sie von dieser Lektüre haben?" Das mag so sein, doch jenseits eines anfänglichen Grenzüberganges finden sich noch weitere. Das Kikeriki eines Gockels zu imitieren befreit einen nur kurz aus dem Tigermaul. Wer nur ein bisschen vom Weg verstanden hat und sich damit zufrieden gibt, ist überheblich, wenn er meint, vollständig erwacht zu sein. Wenn ihr den Strom aber noch nicht bis zur Quelle zurückverfolgt habt und mit dem Berg noch nicht fertig seid, treibt euer Pferd mit dieser warnenden Peitsche an, damit es so schnell wie möglich in die Ferne davongaloppiert. Zertrümmert den letzten geheimnisvollen Grenzübergang und feiert dann nach Belieben ein Festbankett aus Anlass der Vollendung eurer Praxis. Es ist noch nicht zu spät!

Aufgezeichnet von Yunqi Zhuhong
im ersten Monat von *Wanli* 28 (1600)

Vordere Sammlung:
Erstes Tor

Beispiele von Dharma-Sprüchen der Patriarchen, gesammelt vom jungen Schüler Zhuhong, Mönch des Klosters Yunqi

Bei den hier gesammelten Dharma-Aussprüchen von Patriarchen habe ich schwer verständliche und theoretische Diskussionen ignoriert und nur das übernommen, was für die Konzentration aufs Schlüsselwort von Bedeutung ist. Indem nur das Wesentliche extrahiert ist, wird zu gelegentlicher Lektüre angeregt und der Geist der Zen-Übenden vorangetrieben. Im zweiten Teil der „Vorderen Sammlung" steht die mühsame Übung der Patriarchen im Mittelpunkt. Die Sutren-Zitate der „Hinteren Sammlung" authentifizieren diese und sollen als Modell für die Praxis dienen.

Huangbo unterweist die Sangha

Wenn ihr an eurem letzten Lebenstag noch nicht zum Grund dieser Angelegenheit vorgedrungen seid, dann werdet ihr in fiebriger Verwirrung enden. Es gibt eine Art von Schüler des äußeren Weges, der beim Anblick eines *gongfu*-Praktizierenden sogleich spottet: „Du bist also noch immer nicht darüber hinweggekommen?" Ich möchte euch fragen: Wenn ihr plötzlich an der Schwelle des Todes steht, wie werdet ihr da dem Samsara gewachsen sein? Ihr müsst euch tagaus, tagein dieser Angelegenheit entledigen, dann wird euch dies in Zeiten der Bedrängnis von Nutzen sein. So werdet ihr euch einigen Ärger ersparen. Wartet mit dem Graben eines Brunnens nicht, bis ihr durstig seid, sonst habt ihr keine Gelegenheit mehr, zu handeln. Trotz des ungewissen Zustandes des Weges könnt ihr rasch voranstreben. Es ist so traurig, wenn ihr aus Gewohnheit nur das „Worte-*samâdhi*" übt, über Chan und den Weg redet und dabei die Buddhas tadelt und die Patriarchen verflucht. Wenn ihr hierher gelangt, ist das alles nutzlos. Ihr habt andere zielstrebig an der Nase herumgeführt, doch nun stellt sich heraus, dass ihr euch nur selbst getäuscht habt.

Ich ermahne euch, Glaubensbrüder: Nutzt eure gegenwärtige körperliche Gesundheit und strebt nach einem Verständnis dieser Angelegenheit. Dieser Riegel am Tor des Grenzüberganges ist leicht zu öffnen. Doch von Anfang an habt ihr den todesverachtenden Entschluss nicht gefasst, *gongfu* zu machen. Ihr lauft nur herum und beschwert euch, wie schwer und unmöglich es sei. Wenn ihr echte Chinesen seid, achtet auf das Schlüsselwort eines *gong'an*: „Ein Mönch fragte Zhaozhou: ‚Hat der Hund Buddha-Natur?' Zhaozhou sagte: ‚*Wu* (nein, nicht).'" Konzentriert euch vierundzwanzig Stunden am Tag auf dieses *wu*, bei Tag und Nacht, ob ihr geht, steht, sitzt oder liegt, eure Kleidung anzieht oder esst, scheißt oder pisst: Gedankenmoment auf Gedankenmoment beobachtet euch selbst und schreitet eifrig dabei voran, dieses *wu* zu umhegen. Während die Tage und Jahre vergehen und ihr weiter danach trachtet, Einssein zu werden, wird sich plötzlich die Geistblume öffnen und ihr werdet zu dem erwachen, aus dem die Buddhas und Patriarchen kommen. Dann werdet ihr nicht länger von den Zungen der alten Lehrer der Welt getäuscht. Ihr werdet wissen, wie man den großen Mund öffnet und sagt:

„Bodhidharma kam aus dem Westen, und obwohl es keinen Wind gab, erzeugte er Wellen. Der Weltgeehrte wand eine Blume zwischen seinen Fingern – welch ein Fehler!" Wenn ihr hierher kommt, dann bedeutet der alte Höllenrichter Yama nichts mehr, und selbst tausend Edle können euch nichts anhaben. Ihr zweifelt, dass es ein solches Wunder wirklich gibt. Doch der Mensch, der bei allem wahre Entschlossenheit besitzt, ist zu fürchten.

[Kommentar:] Dies ist das erste Beispiel, das nachfolgenden Generationen gegeben wurde, um dem *gong'an* volle Aufmerksamkeit zu widmen und sich auf das Schlüsselwort zu konzentrieren *(kan huatou)*. Es ist jedoch nicht nötig, auf dem Schriftzeichen für *wu* zu bestehen. Ob *wu*, die „zehntausend *dharmas* [Phänomene]", der „Berg Sumeru", „gestorben und eingeäschert", oder „das *Nembutsu* untersuchend": Was auch immer es ist, beachtet den „einzigen Maßstab" und konzentriert euch aufs Schlüsselwort, wobei die alleinige Frist die des Erwachens ist. Worauf sich Zögern-und-Zittern richtet, unterscheidet sich bei jedem Schlüsselwort, doch das Erwachen unterscheidet sich nicht.

Zhaozhou unterweist die Sangha

Versucht einmal selbst zwei oder drei Dekaden lang das Prinzip mittels Sitzen zu untersuchen. Wenn ihr es dann noch immer nicht begreift, schneidet diesem alten Mönch den Kopf ab!

Vierzig Jahre lang hat dieser alte Mönch weltlichen Angelegenheiten keine Aufmerksamkeit geschenkt. Ausnahmen bildeten nur das Haferbrei-Frühstück und das Mahl vor Mittag: Bei diesen Gelegenheiten richte ich mein Augenmerk aufs Profane.

Xuansha Bei unterweist die Sangha

Der Bodhisattva, der sich in Weisheit *(prajnâ)* übt, muss mit herausragender Sinneswahrnehmung und Klugheit ausgestattet sein. Sind seine Sinne langsam und stumpf, muss er sorgfältig und geduldig Tag und Nacht seine Ermüdung missachten und die Einstellung von einem annehmen, der Mutter und Vater verloren hat. Wenn jemand eifrig auf solche Weise übt, von anderen Unterstützung erfährt und mit aufrichtiger Haltung Wirklichkeit erforscht, wird er sicher Erfolg haben.

Ehu Dayis Mahnverse

Vergesst nicht einfach den physischen Körper und betäubt euren Geist.

Dies ist eine tiefsitzende und unheilbare Krankheit.

Ihr müsst das scharfe Schwert der Weisheit erheben, das sogar ein Haar spaltet, welches ihm entgegenweht.

Ihr müsst die höchste Bedeutung von Bodhidharmas Kommen aus dem Westen offenlegen.

Schält eure Lider und stärkt eure Augenbrauen!

Wieder und wieder richtet euer Auge auf ihn: Wer ist er?

Wenn jemand das stille Sitzen übt, ohne sich genau darum zu bemühen,

wie viele Jahre wird es dann wohl dauern, bis er zur Leere des Geistes erwacht?

Yongming Shous Mahnworte

Auch wenn es das Tor der Übung des Weges genannt wird, ist daran nichts Ungewöhnliches. Es ist nur nötig, die Samen des Karma*(alaya)*-Bewusstseins zu reinigen, die über unermessliche Äonen durch die Sinnesorgane und -objekte gesät wurden. Wenn ihr Begierden und Vorstellungen auslöschen sowie jegliche gegenständliche Stütze abtrennen könnt, und wenn ihr gegenüber allen Sinnesbereichen eine geistige Haltung wie Holz und Stein einnehmt, werdet ihr – selbst wenn ihr euer Dharma-Auge noch nicht erleuchtet habt – spontan den reinen Körper zur Vollendung bringen. Trefft ihr einen wahren Führer, solltet ihr unbedingt sorgfältig erwägen, wie ihr mit ihm vertraut werden könnt. Selbst wenn ihr mit ihm praktiziert habt, ohne zum Erwachen vorzudringen oder andere Ergebnisse zu erzielen, werden seine Lehren in eure Ohren gedrungen und für immer zu Samen auf dem Weg geworden sein. Geburt auf Geburt werdet ihr nicht den Wegen einer üblen Reinkarnation anheimfallen, und das Wiedererscheinen in menschlicher Form wird euch nicht abhanden kommen. Sobald ihr euren Kopf heben könnt, werdet ihr beim ersten Hören des Dharma tausend Erleuchtungen erfahren.

*Sixin Xin aus Huanglong
hält eine spontane Ansprache*

Fortgeschrittene Schüler! Die Geburt als Mensch ist schwer zu erlangen, und schwer ist es auch, den Buddha-Dharma zu vernehmen. Wenn ihr euch im gegenwärtigen Leben nicht befreien könnt, in welchem Leben dann? Ihr wollt Chan auf praktische Weise erkunden? Dann müsst ihr loslassen. Was loslassen? Die vier Elemente und die fünf *skandha* [„Anhäufungen": Empfindungen durch Sinnesorgane, Gefühle, Wahrnehmung, Geistesformationen, Bewusstsein] loslassen. Lasst los und legt all dieses karmische Bewusstsein ab, das aus unzähligen vergangenen Äonen stammt. Erkundet es genau vor euren Füßen und richtet euer Auge aufs Schlüsselwort: Wie kommt's? Wenn ihr so vorandrängt, wird plötzlich die Geist-Blume erleuchtet werden und alle Buddha-Felder der zehn Richtungen erhellen. Man könnte sagen, dass ihr „es im Geist erfasst und mit euren Händen eine Antwort gebt". Ihr werdet sogleich in die Lage versetzt, die große Erde in gelbes Gold zu verwandeln und lange Flüsse zu kostbarer Butter zu verrühren. Würde das ein gewöhnliches Leben nicht sorgenfrei und glücklich machen? Rezitiert nicht einfach lauthals Worte und Ausdrücke aus Büchern, die sich mit Chan und dem Weg befassen. Der Chan-Weg liegt nicht in Büchern. Selbst wenn ihr den gesamten buddhistischen Kanon und die hundert philosophischen Schulen wiedergeben könntet, wären das bloß nutzlose Worte. Zum Todeszeitpunkt wären sie völlig wertlos.

[Kommentar:] Wenn ihr solchen Reden begegnet, dürft ihr nicht gleich die Sutren kritisieren und den Dharma verleumden, denn diese Worte wurden als Ermahnung zu denen gesprochen, die am geschriebenen Wort hängen und nicht praktizieren. Man kann diesen Rat nicht an diejenigen richten, die nicht einmal ein einziges Schriftzeichen kennen.

Yan vom Ostberg schickt Schüler auf die Reise

Ihr müsst die beiden Schriftzeichen „Geburt-Tod" auf eure Stirn kleben und von euch verlangen, ein klares Verständnis dieser Angelegenheit zu gewinnen. Wenn ihr euch bloß der Masse gemein macht und eure Zeit mit Aufruhr verschwendet, wird euch eines Tages der alte Höllenrichter Yama die Rechnung für eure Mahlzeiten präsentieren. Behauptet dann nicht, ich hätte euch nicht gewarnt. Denkt ihr daran, *gongfu* zu machen, dann müsst ihr ständig sorgsam das Schlüsselwort „Geburt-Tod" betrachten und es in jedem Augenblick in euer Bewusstsein erheben. Woraus bezieht ihr Energie? Wo gelingt euch das nicht? Wo versäumt ihr etwas? Woran seid ihr nicht gescheitert? Es gibt Leute, die, kaum dass sie auf dem Sitzkissen hocken, sofort einschlafen; wenn sie aufwachen, schwelgen sie in allen Arten von Phantasien; kaum vom Sitzkissen aufgestanden, erzählen sie ein Durcheinander von Geschichten. Wenn ihr den Weg auf solche Weise praktiziert, wird selbst zu der Zeit, wo Maitreya wiederkehrt, die Sache, die ihr sucht, nicht in euren Händen sein. Ihr müsst große Tatkraft anwenden, dieses Schlüsselwort fortwährend ins volle Bewusstsein erheben, Tag und Nacht erforschen und in der rechten Stellung fixieren. Ihr dürft nicht in „dem winzigen Zimmer hinter der kleinen Tür an der Seite des Haupttores" im Lotussitz hocken. Auch totes Sitzen auf einem Kissen ist nicht gestattet. Wenn verschiedenste Gedanken in großer Anzahl auftauchen und miteinander wettstreiten, lasst sie einfach ziehen und steigt von der Sitzplattform herunter, um eine Runde zu gehen; kehrt dann zum Sitzkissen zurück, öffnet beide Augen, ballt eure Fäuste, streckt euren Rücken und widmet, wie zuvor, dem Schlüsselwort eure volle Aufmerksamkeit. Ihr werdet sofort erfrischende Kühle verspüren, die sich wie eine Kelle kalten Wassers in einen Topf mit kochendem Wasser ergießt. Wenn ihr so *gongfu* macht, werdet ihr sicher zur gegebenen Zeit in eurem ursprünglichen Zuhause ankommen.

Yi'an Zhen aus Foji hält eine Ansprache

Ein Altehrwürdiger sagte: „Wenn das Vertrauen hundertprozentig ist, dann ist das Gefühl von Zögern-und-Zittern ebenfalls hundertprozentig. Ist das Gefühl von Zögern-und-Zittern hundertprozentig, dann auch das Erwachen." Ihr müsst alles restlos wegwerfen, was ihr für gewöhnlich seht und hört: euer schlechtes Wissen und euer schlechtes Verständnis sowie ungewöhnliche Worte und ausgefeilte Phrasen vom „Chan-Weg" oder „Buddha-Dharma", ebenso euren Geist der Überlegenheit und Täuschung usw. Was ein *gong'an* betrifft, das noch unklar und unvollendet ist, so bringt einfach eure Beine in den vollen Lotussitz, streckt euren Rücken und macht keinen Unterschied zwischen Tag und Nacht, bis ihr nicht einmal mehr Ost und West, Nord und Süd unterscheidet und wie ein noch lebendiger Toter seid. Während euer Geist dem Wandel der Sinnesobjekte folgt, werdet ihr alles erkennen, womit ihr in Kontakt geratet. Unterscheidendes und unwirkliches Denken wird spontan verschwinden, und der Weg von „Geist" und „Bewusstsein" wird abgeschnitten. Auf einmal werdet ihr den Totenschädel des Karma-Bewusstseins zertrümmern. Das ist nichts, was ihr von anderen bekommen könnt. Wie solltet ihr euch danach nicht am Alltäglichen erfreuen?

Dahui Gao aus Jingshan beantwortet Fragen

Gegenwärtig gibt es falsche Zen-Lehrer, deren Dharma-Auge nicht geklärt ist und die den Leuten eine Art sich tot stellendes, heimtückisches Biest von stillem Sitzen lehren, das sie „eine Pause machen" oder „Anhalten" [Gedankenvergessenheit] nennen. Sie lehren die Leute auch, das Aufeinanderfolgen von Sinnesobjekten ohne Anhaften zu erfahren und in Stille und Erleuchtung Gefühle zeitweise zu vergessen. Sie lehren die Leute ebenfalls, weltlichen wie überweltlichen Angelegenheiten keinerlei Beachtung zu schenken. Mit solchen Chan-Krankheiten braucht ihr das *gongfu* nur erfolglos auf, und dies wird kein Ende haben. Wenn ihr aber konzentriert euren Geist auf einen einzigen Ort, das Schlüsselwort, richtet, dann werdet ihr unweigerlich in die Lage kommen, Erwachen zu erlangen. Sind Zeit und Bedingungen reif, wird sich alles zusammenfügen, und auf einen Schlag werdet ihr erwachen.

Bekommt euren eigenen Geist in den Griff, denn er ist in weltliche Befleckungen verstrickt. Zieht ihn stets in die Weisheit *(prajñā)* zurück. Selbst wenn ihr kein tiefes Erwachen im gegenwärtigen Leben erlangt, werdet ihr gewiss nicht dem Spiel üblen Karmas ausgesetzt sein, sobald euer Leben endet. Wenn ihr in einem zukünftigen Leben den Kopf erhebt, werdet ihr euch gewiss in Weisheit befinden. Es wird ein vorgefertigter Genuss sein, denn es wurde bereits festgelegt; deshalb solltet ihr euch darum keine Sorgen machen.

Haltet einfach zu allen Zeiten das Schlüsselwort in eurem vollen Bewusstsein. Selbst wenn Vorstellungen auftauchen, muss man den Geist nicht dazu bringen, damit aufzuhören; haltet einfach euer Augenmerk aufs Schlüsselwort gerichtet. Ob ihr geht oder sitzt, zieht das Schlüsselwort immer in euer volles Bewusstsein. Wenn das Schlüsselwort nicht mehr schmackhaft ist, dann habt ihr den rechten Punkt getroffen. Ihr dürft das Schlüsselwort niemals loslassen. Auf einmal wird die Geist-Blume erstrahlen und die Buddha-Länder der zehn Richtungen erleuchten. Dann werdet ihr in der Lage sein, auf der Spitze eines einzelnen Haares das Buddha-Land des Schatzkönigs zu manifestieren. In einem winzigen Atom sitzend, werdet ihr das große Dharma-Rad drehen.

[Kommentar:] Meister Dahui sagte: „Andere haben *samâdhi* vor *prajnâ* gesetzt, ich aber setze die Weisheit vor die Versenkung." Wenn das Schlüsselwort und das Knäuel von Zögern-und-Zittern zerschlagen sind, dann wird, was „eine Pause machen" und „Anhalten" genannt wird, spontan, und es ist nicht nötig, es herbeizuwünschen.

Mengshan Yi unterweist die Sangha

Im Alter von zwanzig Jahren wurde mir bewusst, dass es diese Angelegenheit gibt. Bis ich zweiunddreißig war, hatte ich Unterweisungen von siebzehn oder achtzehn Ehrwürdigen, doch wenn ich sie über das Praktizieren von *gongfu* befragte, wusste keiner darüber Bescheid. Dann suchte ich den Ehrwürdigen vom Berg Wan auf, Chan-Meister Zhengning, und er unterwies mich, mein Auge auf das Schriftzeichen *wu* gerichtet zu halten. Er sagte: „Vierundzwanzig Stunden am Tag musst du vollkommen wach sein, wie eine Katze, die Mäuse fängt, oder eine Henne, die Eier ausbrütet. Mach keine Pausen! Wenn du die Grenze [das Schlüsselwort] noch nicht durchdrungen hast, solltest du wie eine Maus sein, die am Holz eines Sarges nagt. Wende dich nie vom Schlüsselwort ab! Wenn du so übst, wird sich unweigerlich irgendwann Erleuchtung einstellen." Seit dieser Zeit praktizierte ich Tag und Nacht mit nie nachlassender Sorgfalt mein persönliches Erkunden des Schriftzeichens *wu*. Achtzehn Tage vergingen, als ich plötzlich beim Teetrinken das Hochhalten der Blume zwischen den Fingern des Weltgeehrten und Kâshyapas Lächeln verstand. Ich war so voller Freude, dass ich es kaum aushielt. Dann wollte ich mein Erwachen von drei oder vier Ehrwürdigen bestätigt haben, doch keiner von ihnen sagte ein Wort. Einer lehrte mich das „*Samâdhi* des Ozeansiegels", das Versiegeln des einzigen Siegels, und meinte, ich solle mich um nichts anderes kümmern. Ich fasste sofort Vertrauen zu dieser Lehre und brachte damit zwei Jahre zu. Im sechsten Monat des Jahres 1264 hielt ich mich in Zhongqing fu in Sichuan auf und litt unter schwerem und äußerst häufigem Durchfall. Es war so schlimm, dass ich auf der Schwelle des Todes stand. Ich wurde immer schwächer. Das „*Samâdhi* des Ozeansiegels", das ich praktiziert hatte, war nutzlos. Obwohl ich einen Mund hatte, konnte ich nicht sprechen; obwohl ich einen Körper hatte, konnte ich mich nicht bewegen. Es blieb nur der Tod. Meine von karmischen Bedingungen geformten Sinnesbereiche zogen alle auf einmal an meinem Auge vorbei. Ich hatte Angst und war aufgebracht, eine Unzahl von Leiden bedrängte mich eines nach dem anderen. Schließlich überwand ich mich, die volle Verantwortung zu übernehmen und Anweisungen für die Zeit nach meinem Ableben zu hinterlassen. Ich schüttelte mein Sitzkissen auf, steckte Weihrauch ins Brenngefäß, begab mich langsam aufs Kissen und nahm die rechte Sitzhaltung ein, während ich im Stillen zu Drachen und Göttern betete und all meine üblen Taten bereute, die ich je begangen hatte: „Wenn die mir zugeteilte Lebensspanne erschöpft ist, gelobe ich, die Kraft der Weisheit zu empfangen, mit rechter Achtsamkeit an einem Ort wiedergeboren zu werden, mit dem ich karmische Verbindung habe, und so bald wie möglich ein Hausloser zu werden. Sollte ich mich von dieser Krankheit erholen, werde ich sofort das Laienleben aufgeben und ein Mönch werden, zügig Erleuchtung erlangen und viele junge Schüler ans andere Ufer des Nirwana führen." Nach diesem Schwur widmete ich dem Zeichen für *wu* meine volle Aufmerksamkeit und spürte dem Strahlen des Geistes nach. Innerhalb kurzer Zeit machten meine inneren Organe drei oder vier Spasmen durch, aber ich widmete ihnen keine Aufmerksamkeit. Eine Weile später waren meine Augenlider unbeweglich, und nach einer weiteren kurzen Zeitspanne konnte ich nicht mehr erkennen, dass ich einen Körper habe – nur das Schlüsselwort, als ununterbrochenes Kontinuum.

Als ich abends vom Sitzen aufstand, hatte sich meine Krankheit zur Hälfte zurückgebildet. Ich saß noch einmal im Lotussitz, und bald nach Mitternacht war die Krankheit völlig verschwunden, mein Geist und mein Körper wurden leicht und friedlich.

Im achten Monat traf ich in Jiangling ein und ließ mir mein Haupt scheren. Nachdem ich dort ein Jahr gesessen hatte, verließ ich meine Position auf der Sitzplattform, um mich auf eine ausgedehnte Fußreise zu machen. Als ich auf dem Weg Reis kochte, kam ich zur Erkenntnis, dass *gongfu* wie das Feuer ohne Unterlass aufrechterhalten werden muss, bis der Reis fertig ist. Es darf keine Unterbrechung geben. Ich begab mich zu Huanglong (Wumen Huikai) und nahm wieder das Sitzen in der Chan-Halle auf. Als mich der Schlaf zum ersten Mal übermannte, erweckte ich meinen Geist, ohne meinen Sitz zu verlassen, und der Dämon des Schlafes zog sich sanft zurück. Auch beim zweiten Mal geschah dasselbe. Als es zum dritten Mal passierte, stieg ich von der Plattform hinab und vollzog Niederwerfungen, wodurch dieser Dämon vertrieben wurde. Wieder begab ich mich aufs Sitzkissen, und alle Regeln und Formen waren so wiederhergestellt. Ich nutzte sogleich die Gelegenheit, mich vom Dämon des Schlafes zu reinigen. Zunächst nahm ich ein Kissen für ein kurzes Nickerchen, später meinen Oberarm; schließlich hörte ich ganz auf, in der Horizontalen zu schlafen. So verbrachte ich zwei oder drei Nächte und war Tag und Nacht erschöpft. Ich fühlte mich heiter schwebend, als würden meine Füße nicht den Boden berühren. Plötzlich war mir, als würden sich schwarze Wolken vor meinen Augen teilen und als wäre ich gerade einem Bad entstiegen: Alles war erfrischend. Das Knäuel von Zögern-und-Zittern in meinem Hinterkopf wurde immer dicker. Ohne Anstrengung meinerseits manifestierte sich dieses Knäuel genau vor mir. Alle Töne und Formen, die fünf Begierden und acht Winde (Gewinn, Ruhm, Lob, Freude, Schwäche, Verleumdung, Kritik, Leiden) – sie alle konnten mich nicht erreichen. Es fühlte sich rein wie eine mit Schnee gefüllte Silberschale an, wie die Stimmung eines völlig klaren Herbsttages. Obwohl mein *gongfu* gut voranging, hielt ich dies nicht für „den letzten Trumpf". Also verließ ich meine Position auf der Sitzplattform in Jiangling und ging nach Zhejiang. Der Weg dorthin war entbehrungsreich, und ich vernachlässigte mein *gongfu*. Ich begab mich zum Lehrer Guchan aus Chengtian und nahm meine Position auf der Sitzplattform in seiner Sangha-Halle ein. Ich gelobte mir selbst, sie nicht eher zu verlassen, als ich Erwachen erlangt hatte. Mehr als einen Monat lang machte ich *gongfu* auf die beschriebene Weise. Die ganze Hülle meines Körpers brach in Geschwüre aus, aber ich ignorierte sie. Ich missachtete mein Leben, um *gongfu* zu verfolgen, und gewann so auf spontane Weise Energie. Wieder war ich in der Lage, *gongfu* inmitten von Krankheit zu machen. Einmal eilte ich zum Gastmahl eines Gönners aus dem Tor hinaus. Während ich dahinlief, brachte ich das Schlüsselwort zu vollem Bewusstsein, und ohne dass ich es bemerkte, ging ich am Haus des Gönners vorbei. Doch hier war es mir gelungen, *gongfu* inmitten von Aktion zu machen. Wenn es dazu kommt, ist es wie die Spiegelung des Mondes im Wasser: Ob auf der Oberfläche von Stromschnellen oder inmitten rauer Wellen, sie löst sich selbst dann nicht auf, wenn du sie berührst, und sie verschwindet auch nicht, wenn du sie schüttelst. Sie ist so lebendig wie ein Fisch, der mit seiner Hinterflosse wedelt.

Am sechsten Tag des dritten Monats im folgenden Jahr betrat, als ich gerade im Lotussitz saß und dem Zeichen für *wu* meine volle Aufmerksamkeit widmete, der Vorsteher die Halle und entzündete Weihrauch, während er an den Weihrauchkasten klopfte und ein Geräusch erzeugte. Plötzlich entwich mir der Ton „Aah!". Ich hatte mich erkannt und Zhaozhou lebendig gefasst. Daraufhin verfasste ich diese Verse:

> Kein Geschmack, wenn du ans Ende des Weges kommst,
>   wandernd und suchend: Die Wellen sind nur Wasser.
>   Der alte Zhaozhou hüpfte über die Menge,
>   sein ursprüngliches Gesicht ist genau wie dies.

Während des Herbstes in Lin'an besuchte ich die großen Alten Xueyan, Tuigeng, Shifan und Xuzhou. Xuzhou drängte mich, zu Wanshan zu gehen. Dieser stellte mir die Frage: „Das strahlende Licht der Weisheit und die Stille durchdringen Myriaden von Sandkörnern des Ganges: Wie könnten diese Worte nicht vom Gelehrten Zhang Zhuo stammen?" Als ich gerade meinen Mund öffnen wollte, gab Wanshan einen Schrei von sich und drängte mich hinaus. Von diesem Punkt an war ich – ob ich ging, saß, aß oder trank – stets in Nicht-Denken und verbrachte so sechs Monate. Im Frühling des folgenden Jahres war ich einmal aus Wanshans Kloster gegangen, als beim Erklimmen der Steinstufen bei meiner Rückkehr plötzlich die Blockierung von Zögern-und-Zittern in meiner Brust wie Eis dahinschmolz. Ich war mir nicht meines Körpers bewusst, als ich den Weg entlangging. Darum suchte ich Wanshan auf, der mir die gleiche Frage wie oben stellte. Ich warf unverzüglich den Chan-Stuhl um. Ich griff mehrere *gong'an* auf, die mir bis dahin kompliziert und ungeordnet erschienen waren, und eines nach dem anderen wurde mir klar.

Ihr alle, die ihr engagiert das Chan untersucht, müsst es unter allen Umständen sorgfältig tun. Hätte ich nicht die beinahe tödliche Krankheit in Zhongqing durchlebt, wäre ich dem Erwachen nur bis auf ein paar Zentimeter nahe gekommen, und alles wäre umsonst gewesen. Wesentlich ist, einem wahren Lehrer zu begegnen, der rechtes Verständnis besitzt. Darum erforschten die Alten das Chan auf praktische Weise am Morgen und baten um Unterweisung am Abend, indem sie Körper und Geist auflösten. Fleißig und dringlich erforschten sie diese Angelegenheit.

[Kommentar:] Wenn andere Menschen Krankheiten erleben, sind sie entmutigt. Dieser Alte widmete sich trotz seiner Erkrankung der reinen Kultivierung und wurde am Ende zu einem großen Gefäß. Wie hätte dies vergeblich sein können? Wenn Chan-Anhänger krank werden, sollten sie sich diese Geschichte als Beispiel nehmen und ihre Kraft ausschöpfen, um voranzustreben.

*Der Laie Su'an aus Yangzhou
unterweist die Sangha*

Zuletzt waren Chan-Übende mit fester Entschlusskraft selten. In dem Augenblick, in dem sie das Schlüsselwort erforschen, werden sie schon von den Dämonen der Erstarrung und Ablenkung erfasst. Sie wissen nicht, dass das Gefühl von Zögern-und-Zittern wahrlich das Gegenmittel für Erstarrung und Ablenkung ist. Ist das Vertrauen stark, dann auch das Gefühl von Zögern-und-Zittern. Ist das Gefühl von Zögern-und-Zittern stark, dann werden Erstarrung und Ablenkung spontan verschwinden.

*Ansprache von Baiyun Wuliang Cang
aus Chuzhou*

Vierundzwanzig Stunden am Tag folgt dem Schlüsselwort, ob ihr geht, steht, sitzt oder liegt. So bestückt ihr euren Geist mit lauter Stacheln und werdet nicht von solchen Dingen wie andere/selbst, Unwissenheit, den fünf Sinnesbegierden, den drei Giften (von Leidenschaft, Wut und Unwissenheit) und so weiter vereinnahmt. Gehend, stehend, sitzend oder liegend wird alles zum Bündel von Zögern-und-Zittern, zum fortdauernden Gefühl von Zögern-und-Zittern. Den ganzen Tag lang seid wie eine dumme Holzpuppe, die nur Töne hört und Formen sieht. So ist garantiert, dass ihr den einen Ton „Aah!" von euch geben werdet.

*Yonggang Ruan vom Berg Siming
beantwortet den Brief eines Chan-Anhängers*

Wenn du *gongfu* machst, musst du die große Empfindung von Zögern-und-Zittern entstehen lassen. Es ist unmöglich, dass dein *gongfu* innerhalb von einem Monat oder bloß ein paar Wochen in Einssein verschmilzt. Wenn die wahre Empfindung von Zögern-und-Zittern sich manifestiert, kann sie kein Stoß verdrängen, und auf spontane Weise wirst du nicht länger befürchten, getäuscht zu werden. Sei nur tapfer und wild, ja wutentbrannt! Den ganzen Tag lang benimm dich wie ein hirnloser Chinese. Wenn du an diesem Punkt angelangst, wirst du dich nicht mehr davor fürchten, dass die Schnappschildkröte der Urne entkommt, und du wirst mit Leichtigkeit agieren.

Ansprache von Xueyan Qin aus Yuanzhou

Die Zeit wartet nicht auf den Menschen: Sobald du deine Augen bewegst, ist schon die zukünftige Geburt eingetreten. Warum also dringst du nicht zum Grund der Lehre vor, solange dein Körper stark und gesund ist, und erforschst nicht den Dharma, bis du verstehst? Welches Glück könnte dich zukünftig noch einmal auf diesen berühmten Berg Daze treiben, in eine Welt voller Geister und Drachen, in die Dharma-Höhle des Patriarchen-Meisters Yangshan? Unsere Sangha-Halle ist strahlend und rein, Vormittagsmahl und morgendlicher Haferschleim sind makellos, heißes Wasser und ein warmer Ofen stehen bereit. Wenn du nicht hier zum Grund der Lehre vordringst und sie erkundest, bis du verstehst, dann hast du dir schon erlaubt, zu verlottern; du würdest also lieber auf trockenem Land versinken und ein Nichtsnutz sein. Wenn du tatsächlich ein Verlierer bist und keine Ahnung hast, warum stellst du dann den Älteren nicht einen Haufen Fragen? Bei den Versammlungen in der Dharma-Halle an jedem fünften Tag siehst du den alten Abt im geschwungenen Stuhl in jeder Weise Dinge erörtern. Warum lässt du dies nicht in deine Ohren dringen und hinterfragst: Wie kommt's letztendlich?

Ich verließ mein Zuhause im Alter von fünf Jahren und wurde der Gehilfe eines Höhergestellten. Ich wurde zum Mitwisser seiner Unterredungen mit Gästen, und ich erkannte, dass es da diese Angelegenheit gab. Danach entwickelte ich Vertrauen in sie und begann mit der Übung des Chan-Sitzens in Lotushaltung. Mit sechzehn empfing ich die Gelübde und wurde Mönch, mit achtzehn begab ich mich auf eine ausgedehnte Fußreise. Ich gehörte der Gemeinschaft von Lehrer Yuan aus dem Shuanglin-Kloster an. Ich verschmolz ins Einssein. Von morgens bis abends ging ich nicht aus dem Vorgarten hinaus. Selbst wenn ich die Unterkünfte oder den Waschplatz aufsuchte, hielt ich meine Hände in die Ärmel gesteckt und betrachtete nur den Raum vor meiner Brust, nicht weiter als drei Fuß nach vorn, ohne nach rechts oder links zu schauen. Als ich anfangs mein Auge aufs Zeichen für *wu* richtete, erlebte ich plötzlich an der Stelle, wo Gedanken entstehen, eine umgekehrte Prüfung: Dieser einzige Gedankenmoment, also das Schlüsselwort, wurde wie kaltes Eis, klar und friedvoll, unbeweglich und unerschütterlich. Einen Tag zu verbringen glich dem Bruchteil einer Sekunde, in dem man mit den Fingern schnipst. Zu dieser Zeit konnte ich nicht einmal die Glocken und Trommeln des Klosters vernehmen. Mit neunzehn hängte ich im Kloster Lingyin meinen Metallstab und meine Robe an den Nagel. Ich traf den Protokollanten aus Chuzhou, und er sagte zu mir: „Chan-Mensch Qin, dein *gongfu* ist wie totes Wasser, es ist nutzlos! Du machst die beiden Eigenschaften von Bewegung und Stille zu zwei Extremen. Wenn du eine praktische Erprobung des Chan anstrebst, musst du die Empfindung von Zögern-und-Zittern nähren. Handelt es sich um ein schwaches Gefühl, dann wirst du ein kleines Erwachen erleben; bei einem starken Gefühl erfährst du ein großes Erwachen." Was der Protokollant aus Chuzhou sagte, traf den Kern, und ich änderte sofort mein Schlüsselwort und richtete mein Auge auf „Spatel getrockneter Scheiße". Es handelte sich um eine fortlaufende Erfahrung: im Osten das Gefühl von Zögern-und-Zittern, und im Westen das Gefühl von Zögern-und-Zittern, der Länge nach ein Auge aufs Schlüsselwort gerichtet halten, und ebenso der Breite nach. Doch Erstarrung und

Ablenkung befielen mich, und ich konnte nicht einen kurzen Augenblick der Reinheit erlangen. Ich begab mich auf die Sitzplattform im Jingci-Kloster, kam dort in eine Gemeinschaft von sieben Mönchen, die Sitzen in der Lotushaltung übten. Ich zog mir zum Schlafen eine Decke über, doch meine Körperseite ließ ich nie die Matte berühren. Neben diesen Menschen gab es noch den Fortgeschrittenen Xiu, der jeden Tag wie ein Eisenstab auf dem Sitzkissen saß; ging er im Kloster umher, waren seine Augen weit offen und seine Arme hingen herab, und noch immer wirkte er wie ein Eisenstab. Ich wollte mit ihm sprechen, als ich in seine Nähe kam, doch es gelang mir nicht, weil ich zwei Jahre lang nicht mehr in der Horizontalen geschlafen hatte und darum benommen und erschöpft war. So gab ich dann auf einen Schlag all diese Praktiken auf. Zwei Monate danach war infolgedessen meine frühere Gesundheit wieder hergestellt, und ich fühlte mich voller Elan.

Wenn ihr von Anfang an in diese Angelegenheit Einblick gewinnen wollt, ist Schlafentzug nicht gut. Sorgt für einen hinreichenden nächtlichen Schlaf, nur dann werdet ihr Schwung haben. Eines Tages traf ich im Korridor Xiu und konnte ihm zum ersten Mal vertraut begegnen. Ich fragte: „Letztes Jahr wollte ich schon mit dir reden, aber du hast geschickt einen Bogen um mich gemacht. Warum?" Xiu erwiderte: „Der wahre Übende des Weges kümmert sich nicht einmal ums Schneiden seiner Fingernägel, wie könnte ich da Zeit für ein sinnloses Gespräch mit dir haben?" Da brachte ich mein Thema an: „Gerade versuche ich, mich von Erstarrung und Ablenkung zu befreien, aber es bringt nichts." Xiu sagte: „Weil du noch immer nicht wild genug bist. Schüttle dein Sitzkissen hoch auf, strecke dein Rückgrat durch und verschmelze deinen ganzen Körper in Einssein mit einem einzigen Schlüsselwort. Welche Erstarrung und Ablenkung könnte da noch ein Problem sein?" Ich stützte mich auf diesen Rat Xius und machte demgemäß *gongfu*. Nicht mehr meines Körpers und Geistes bewusst, vergaß ich beide; dies war drei Tage und Nächte lang recht erfrischend. Ich habe dabei nie meine Augen geschlossen. Am Nachmittag des dritten Tages war mir, als würde mein Geist unterhalb der des Bergtores in Lotushaltung sitzen, mein Körper jedoch umhergehen. Wieder begegnete ich Xiu, der fragte: „Was tust du hier?" Ich antwortete: „Den Weg praktizieren." Xiu fragte weiter: „Was nennst du den Weg?" Da konnte ich keine Antwort geben, was mich noch benommener machte. Ich wollte gerade in die Sangha-Halle zurückkehren, um weiter zu sitzen, da traf ich auf den Vorsteher. Er sagte: „Du musst nur deine Augen weit öffnen und den Blick auf die Frage gerichtet halten: Wie kommt's?" Erneut war mir ein besonderes Schlüsselwort gegeben worden, und ich wünschte nur in die Sangha-Halle zurückzukehren, um damit zu üben. Dann, als ich mich eben vom Sitzkissen erheben wollte, öffnete sich alles vor mir, als würde die Erde nachgeben. Zu diesem Zeitpunkt war kein Fortgeschrittener in der Nähe, dem ich davon hätte berichten können. Dies war nichts, das man mit weltlichen Erfahrungen vergleichen konnte. Ich stieg sogleich von der Sitzplattform hinab und suchte Xiu auf. Als er mich sah, sagte er unverzüglich: „Glückwunsch! Glückwunsch!" Er umfasste meinen Arm und lief mit mir ein Mal um die Weidebäume vor dem Tor herum. Alle Alltagshandlungen zwischen Himmel und Erde, alle Angelegenheiten der Welt, alle Dinge, die mit dem Auge gesehen und mit dem Ohr gehört werden, die Dinge, die ich bisher nicht gemocht und verworfen hatte, ebenso wie Unwissenheit und Befleckungen, konnte ich nun als mein eigenes wunderbares Strahlen erkennen, und wie sie meiner wahren Natur entsprangen. Einen halben Monat lang tauchten keine anderen Gedanken auf. Leider traf ich keinen ehrwürdigen Mönch mit dem Auge eines Experten. Ich hätte nicht einfach hier sitzen sollen. Ein Alter nannte diesen Zustand: „das Verständnis nicht abwerfen, das Wissen um die Dinge, wie sie wirklich sind, verhindern". Im Schlaf erzeugte ich jedes Mal Gegensatzpaare. *Gong'an*, die Sinn machten, verstand ich, doch solche wie vom Silberberg und der Eisenwand waren mir zu hoch. Auch wenn ich mich in der Gemeinschaft von Meister Wuzhun Shifan befand und viele Jahre lang sein Zimmer für Einzelgespräche betrat und seinen Ansprachen lauschte, nachdem er den Dharma-Sitz erklommen hatte, berührte nicht ein einziges seiner Worte die Angelegenheit, die sich in der Tiefe meines Geistes befand. Weder die Sutren noch die Aufzeichnungen von Chan-Sprüchen kannten ein Wort, um diese Krankheit zu heilen. Diese Art von Blockierung hielt sich eine Dekade lang in meiner Brust. Eines Tages ging ich in der Buddha-Halle des Jingshan-Klosters auf dem Berg Tianmu umher und erkannte, als ich meinen Blick erhob, eine alte Zypresse. Als sie in mein Blickfeld geriet, hatte ich ein Erlebnis von Erwachen. Sinnesobjekte, die ich bis dahin ergriffen hatte, und Dinge, die wie Blockaden in meiner Brust waren, wurden fortgerissen und zerschmettert. Es war, als käme ich von einem dunklen Raum in strahlendes Sonnenlicht. Danach hatte ich kein Zögern-und-Zittern bezüglich Geburt, kein Zögern-und-Zittern bezüglich Tod, kein Zögern-und-Zittern bezüglich der Buddhas, kein Zögern-und-Zittern bezüglich der Patriarchen. Zum ersten Mal konnte ich den alten Jingshan (Wuzhun) begreifen, wie er auf dem Klostergeländer stehend sagt: „Gib's ihnen, dreißig Schläge mit dem Stock!"

*Gaofeng Yuanmiao vom Berg Tianmu
unterweist die Sangha*

Beim Erforschen dieser Angelegenheit ist nur nötig, dass die aktive Person eine wirklich begeisterte Einstellung zeigt. Nur mit einem solch leidenschaftlichen Herzen wird die wahre Empfindung von Zögern-und-Zittern entstehen. Fortdauerndes Zögern-und-Zittern: Ohne dass ihr euch darum bemüht, werdet ihr spontan darin sein. Von morgens bis abends wird dieses Zögern-und-Zittern in eurem Kopf stecken und an eure Gliedmaßen genäht sein, ihr werdet in eins mit ihm verschmelzen. Selbst wenn ihr ihm einen Schubser gebt, wird es sich nicht abschütteln lassen; auch wenn ihr es verscheucht, wird es nicht fortgehen. Es ist leuchtend und strahlend und manifestiert sich fortwährend genau vor euch. In dieser Zeit gewinnt ihr Energie. Ihr müsst diese rechte Achtsamkeit noch stabiler machen und euch um einen einspitzigen Geist bemühen, bis ihr an dem Punkt angelangt, wo ihr euch beim Gehen nicht des Gehens bewusst seid und beim Sitzen nicht des Sitzens. Kälte, Hitze, Hunger und Durst – ihr seid euch deren nicht bewusst. Die Manifestation dieses Bereiches ist ein Zeichen dafür, dass ihr Zuhause angekommen seid. Wenn ihr dieser Verbindung noch entgegenseht und sie erfassen wollt, dann seid ihr bloß in Wartestellung. Falls euch das gelehrt wurde, dürft ihr aber umgekehrt keinen eifrigen Gedanken erregen, danach zu suchen. Ihr dürft euren Geist nicht von der Idee gefangen nehmen lassen, darauf zu warten, noch dürft ihr davon ablassen. Festigt nur die rechte Achtsamkeit und nehmt das Erwachen als einzigen Standard. An diesem entscheidenden Zeitpunkt müsst ihr an den Pforten eurer sechs Sinnesorgane den 84.000 Befleckungen von (Dämon) Mâras Armee auflauern. Jedes ungewöhnliche oder unterschiedliche, gute oder böse Ereignis manifestiert sich gemäß eures Geistes. Wenn ihr nur einen Augenblick diesen Dingen keine Aufmerksamkeit schenkt, tappt ihr sofort in Mâras Falle. Dann werdet ihr ihm unterworfen und empfänglich für seine Befehle sein. Euer Mund wird wie Mâra reden, euer Körper Mâras Taten begehen. So wird die rechte Ursache für Weisheit auf ewig abgeschnitten, und die Samen des Erwachens werden keine weiteren Sprossen treiben. Darum erzeugt nicht den Geist, der suchend herumirrt. Wie ein Geist, der seinen eigenen Leichnam bewacht, behütet Zögern-

und-Zittern, egal was kommt. Der Bausch von Zögern-und-Zittern wird auf einen Schlag mit einem erschütternden Geräusch explodieren, das den Himmel aufschrecken und die Erde erzittern lässt.

Ich habe mein Zuhause mit fünfzehn Jahren verlassen und mit zwanzig die Chan-Roben angelegt, als ich ins Jingci-Kloster eintrat. Ich übte mich im Chan und erforschte es mit Abt Duanqiao, der mir dieses Schlüsselwort gab: „Woher kommst du bei der Geburt und wohin gehst du im Tod?" Meine Gedanken teilten sich in zwei Wege und mein Geist konnte nicht ins Einssein heimkehren. Später traf ich Abt Xueyan, der mich die Konzentration aufs Zeichen für *wu* lehrte und mich anwies, jeden Tag ein Mal um die Weidenbäume vor dem Tor zu gehen, um ihn zu einem Einzelgespräch aufzusuchen. Er sagte: „Es sollte wie ein Mensch sein, der unterwegs ist: Jeden Tag muss er sich an einen Plan für seine Aufgaben halten." Ich erkannte einen Hinweis in seinen Worten. In der Folgezeit erkundigte er sich nicht nach dem *gongfu*, das ich machte. Doch eines Tages, als ich sein Zimmer betrat, fragte er plötzlich: „Wer zieht diesen Leichnam hier für dich herein?" Noch bevor er zu Ende gesprochen hatte, verpasste er mir einen Schlag. Danach kehrte ich in die Sangha-Halle des Jingshan-Klosters auf dem Berg Tianmu zurück. Im Traum erinnerte ich mich plötzlich an ein *gong'an*: „Die zehntausend *dharmas* kehren ins Eine zurück – wohin kehrt das Eine zurück?" Danach entstand plötzlich die Empfindung von Zögern-und-Zittern, die mich unfähig machte, Ost und West oder Süd und Nord zu unterscheiden. Am sechsten Tag rezitierte ich gemeinsam mit der Sangha im Pavillon Sutren, als mir plötzlich die lobende Widmung auf einem Porträt von Wuzu Fayan ins Auge fiel. Die beiden letzten Zeilen lauteten: „Hundert Jahre, also 36.000 Tage, wenden diesen Körper herum, und doch ist er immer nur dieser Chinese gewesen." Den vorigen Ausdruck: „Wer ist es, der diesen Leichnam hereinzieht?", durchschaute ich plötzlich. In der Folge war ich zutiefst verängstigt, doch nach dem Abschneiden wurde mein Leben erneuert. Es war mehr als eine Tragestange niederzulegen, die das Gewicht eines Leichnams trug. Damals war ich erst vierundzwanzig, und die drei Jahre, die ich zu üben gelobt hatte, waren vorbei. Lehrer Xueyan fragte mich: „Bist du jeden Tag bei deinen grenzenlosen

Handlungen in der Lage, verantwortlich zu sein?" Ich bestätigte dies. Er fragte weiter: „Wenn du schläfst und träumst, bist du dann auch in der Lage, Verantwortung zu übernehmen?" Ich bestätigte auch dies. Dann fragte er: „Wo ist im traumlosen Schlaf dieser Verantwortliche?" Darauf wusste ich keine Antwort, mir fiel nichts Sinnvolles ein. Der Meister mahnte mich eindringlich: „Von jetzt an ist es unnötig, dass du den Buddha-Dharma studierst und bis ans Äußerste die alten und neuen *gong'an* erforschst. Es geht nur darum, zu essen, wenn du hungrig bist, und zu schlafen, wenn du müde bist. Sobald du aus dem Schlaf erwachst, erwecke deine Energien und konzentriere dich aufs Schlüsselwort. Was den Schlaf angeht, welcher Ort ist es schließlich, an dem der Herr Verantwortliche erleichtert und ruhig wird?" Ich schwor mir selbst: „Ich will mein Leben wegwerfen und ein dummer Chinese sein – Hauptsache, dass ich diese eine Angelegenheit in Klarheit durchschaue." Fünf Jahre vergingen, und als ich eines Tages aus dem Schlaf erwachte, befand ich mich mitten im Gefühl von Zögern-und-Zittern bezüglich dieser Angelegenheit. Plötzlich versetzte ein Mitübender seinem Holzblockkissen einen Stoß, wodurch es auf den tiefer gelegenen Boden fiel und ein Geräusch machte. Dabei zertrümmerte ich das Bündel von Zögern-und-Zittern, es war, als würde ein Fisch oder Vogel aus einem Netz hüpfen. All die komplizierten und ungeordneten *gong'an* von Buddhas und Patriarchen und all die Karma-Geschichten alter Zeiten und der Gegenwart wurden kristallklar. Von da an „war der Staat befriedet und das Land gefestigt, und im ganzen Reich herrschte tiefer Frieden." In einem einzigen Gedankenmoment des Nicht-Handelns wurde alles in den zehn Richtungen abgetrennt.

[Kommentar:] Der vorige Abschnitt einer Unterweisung der Sangha und der Abschnitt über das Ausführen von *gongfu* sind besonders wichtig. Schüler sollten sie auf ihre Schärpen schreiben. Die Aussage in dieser Selbstbeschreibung: „Es geht nur darum, zu essen, wenn du hungrig bist, und zu schlafen, wenn du müde bist" bezieht sich auf die Zeit nach der Erleuchtung. Ich ermahne euch, dies nicht misszuverstehen.

Ansprache von Tieshan Qiong

Mit dreizehn Jahren erfuhr ich von der Existenz des Buddha-Dharma. Mit achtzehn zog ich in die Hauslosigkeit, mit zweiundzwanzig empfing ich die Gelübde und wurde ein Mönch. Zuerst ging ich zu Shishuang (Xixi Xin). Ich erinnere mich, dass der Vorsteher der Klause, Xiang, uns stets lehrte, den weißen Fleck auf unserer Nasenspitze anzustarren – so würden wir am Ende Reinheit erlangen. Später gab es einen Mönch, der von Xueyan kam, und dessen Kopie von Xueyans „Ermahnung zum Sitzen in Lotushaltung" ich las und abschrieb. Das *gongfu*, das ich betrieben hatte, fiel hinter das in diesem Werk Gesagte zurück. So suchte ich also Xueyan auf und vertraute der Art von *gongfu*, von der er sprach: vorbehaltlos das Zeichen *wu* ins volle Bewusstsein zu bringen. In der vierten Nacht nach meiner Ankunft brach mein ganzer Körper in Schweiß aus und fühlte sich extrem sauber und kühl an. Es dauerte geraume Zeit, bis ich in die Sangha-Halle zurückkehrte, wo ich mich – ohne mit jemandem zu sprechen – allein auf den Lotussitz konzentrierte. Später traf ich Miao Gaofeng, der mich lehrte: „Erlaube dir vierundzwanzig Stunden am

Tag keine Unterbrechung. Stehe nachts um 2 Uhr auf, erfasse dein Schlüsselwort und setze es sogleich mitten vor dich hin. Wenn du ein wenig schläfrig bist, erhebe deinen Körper aus der Sitzposition und trete von der Plattform hinab, um ein wenig umherzugehen. Dabei verliere aber dein Schlüsselwort bei keinem Schritt aus dem Blick. Wenn du dein Tuch ausbreitest und eine Schale darauf stellst, einen Löffel aufnimmst oder Stäbchen niederlegst oder bei anderen Alltagshandlungen der Sangha folgst, trenne dich nie von dem Schlüsselwort, weder bei Tag noch bei Nacht. Sobald du in Einssein verschmilzt, wird es keine Gelegenheit geben, bei der du keine Erleuchtung erzeugst." Gemäß Gaofengs Anweisungen machte ich also *gongfu*. Es gelang mir, in Einssein zu verschmelzen. Am zwanzigsten Tag des dritten Monats sagte Xueyan bei der Versammlung in der Dharma-Halle: „Brüder! Wenn ihr den ganzen Tag auf dem Sitzkissen verbracht habt und wegdämmert, dann müsst ihr hinabsteigen und im Kreis laufen. Spült euren Mund aus und wascht euch das Gesicht mit kaltem Wasser, macht eure Augen weit auf und kehrt dann auf das Sitzkissen zurück. Streckt euren Rücken wie eine tausende Kilometer hohe Mauer und erhebt das Schlüsselwort uneingeschränkt in eure volle Aufmerksamkeit. Wenn ihr euch so anstrengt, werdet ihr sehr wahrscheinlich innerhalb von sieben Tagen Erwachen erlangen. Diese Methode habe ich selbst vor vierzig Jahren benutzt." Zunächst vertraute ich auf das, was er gesagt hatte, und mir wurde sogleich klar, dass dieses *gongfu* von ungewöhnlicher Art war. Am zweiten Tag wollte ich meine Augen schließen, doch es gelang nicht. Am dritten Tag fühlte es sich an, als würde mein Körper im Himmel spazieren gehen. Am vierten Tag war ich mir der weltlichen Angelegenheiten nicht mehr bewusst. In der folgenden Nacht stand ich eine Weile an ein Geländer gelehnt. Innerlich war ich ausgelöscht und ohne Wissen. Ich schaute mir sorgfältig das Schlüsselwort an – es war nicht verloren gegangen. Dann wandte ich mich um und kehrte aufs Sitzkissen zurück. Plötzlich überkam mich das Gefühl, als sei mein Schädel gespalten und als würde ich vom Grund eines tausend Fuß tiefen Brunnens in den Weltraum erhoben. Zu diesem Zeitpunkt gab es nicht einmal einen Ort der Freude in mir. Ich schilderte dies Xueyan, der meinte: „Das ist es noch nicht. Mach noch mehr *gongfu*." Ich suchte ein Einzelgespräch mit ihm, und er sagte: „Selbst wenn du die eine große Angelegenheit von Buddhas und Patriarchen weiter verfolgst, fehlt es dir doch am einen Hammerschlag auf den Hinterkopf." Im Geiste sagte ich mir: „Inwiefern fehlt es mir an dem einen Hammerschlag auf den Hinterkopf?" Ich hatte kein Vertrauen in diese Worte, doch andererseits schien da das Gefühl von Zögern-und-Zittern zu sein. Am Ende konnte ich mich nicht entscheiden und übte jeden Tag stocksteifes Sitzen in der Lotushaltung. Etwa ein halbes Jahr später, als ich unter Kopfschmerzen litt und deswegen Medizin abkochte, begegnete ich dem Mönch Juechibi. Er fragte mich nach dem Schlüsselwort, in dem der Thronfolger Nata seine Knochen zerlegt und seinem Vater zurückgibt sowie sein Fleisch zerteilt und seiner Mutter reicht. Ich erinnerte mich, dass mich einst der Gastaufseher Wu danach befragt hatte und ich nicht in der Lage gewesen war, zu antworten. Plötzlich zertrümmerte ich das Knäuel von Zögern-und-Zittern bezüglich dieses Schlüsselwortes. Später ging ich in Mengshans Kloster, und er fragte mich: „An welchen Ort ist dein praktisches Erforschen des Chan gelangt? Ist es der Ort, an dem die

Arbeit vollendet ist?" Doch ich hatte keine Ahnung. Mengshan forderte mich auf, wieder das *gongfu* der *samâdhi*-Energie aufzunehmen, um Befleckungen und gewohnheitsmäßige Kräfte aus der Vergangenheit fortzuspülen. Jedes Mal, wenn ich sein Zimmer betrat, um einen Kommentar abzugeben, meinte Mengshan nur: „Dir fehlt noch was." Eines Tages saß ich die ganze Nacht hindurch in Lotushaltung und gelangte durch die *samâdhi*-Energie vorangetrieben direkt ins Reich des Tiefgründigen und Sublimen. Als ich aus dem *samâdhi* auftauchte und Mengshan erkannte, erzählte ich ihm davon, und er fragte: „Ist das dein ursprüngliches Gesicht?" Da ich gerade etwas erwidern wollte, machte Mengshan seine Tür vor meinen Augen zu. Von diesem Zeitpunkt an erlebte mein tägliches *gongfu* den wunderbaren Ort. Weil ich Xueyan zu früh verlassen hatte, war mir kein akribisches *gongfu* gelungen. Zum Glück war ich einem echten Chan-Meister wie Mengshan begegnet und konnte so dorthin gelangen. Wenn das *gongfu* von Beginn an eifrig betrieben wird, dann wird es von Zeit zu Zeit Erwachen geben, und Schritt für Schritt werden die Befleckungen gewohnheitsmäßiger Energien sowie Gedanken an das Unwirkliche abgeworfen. Eines Tages sah ich ein Zitat aus der „Meißelschrift des Glaubens" *(Xinxinming)* des dritten Patriarchen Sengcan an der Wand hängen: „Innerlich wendet euch dem Grundlegenden des Geistes zu und erfasst seine Bedeutung, äußerlich folgt der Erleuchtungsfunktion und verliert die persönliche Erkenntnis der Bedeutung jenseits von Worten." Wieder schälte ich eine Schicht des Denkens an Unwirkliches ab. Mengshan sagte: „Diese Angelegenheit ist wie das Häuten einer Perle: Je mehr du sie freilegst, desto strahlender wird sie; je strahlender sie wird, desto reiner wird sie. Eine einzelne Schicht abzustreifen ist mehreren Lebensspannen an *gongfu* überlegen." Als ich dies kommentieren wollte, meinte er jedoch erneut: „Dir fehlt noch was." Eines Tages stieß ich unerwartet inmitten von *samâdhi* gegen das Schriftzeichen für „fehlen" *(qian)*: Mein Körper und mein Geist öffneten sich, es drang bis ins Mark meiner Knochen vor. Es war wie ein langer Schneefall, der plötzlich aufklarte. Ich musste lachen. Ich sprang zu Boden, packte Mengshan und sagte: „Mir fehlt nicht das Geringste!" Mengshan schlug mir drei Mal mit der offenen Hand ins Gesicht, und ich verbeugte mich drei Mal.

Dann sagte er: „Tieshan! Wie viele Jahre hat dich dieser eine Schachzug gekostet? Heute hast du ihn vollendet!"

Selbst wenn ihr nur für kurze Zeit versäumt, das Schlüsselwort ins Zentrum eurer Aufmerksamkeit zu stellen, werdet ihr wie ein toter Mann sein. Sollten alle möglichen Sinnesobjekte euch bedrängen, zieht einfach das Schlüsselwort heran, um ihnen zu widerstehen. Betrachtet das Schlüsselwort fortwährend sorgfältig, sowohl in der Bewegung wie in der Bewegungslosigkeit. Bezieht ihr daraus Energie oder nicht? Auch inmitten von *samâdhi* dürft ihr nie das Schlüsselwort vergessen; wenn doch, dann handelt es sich um totes Sitzen. Ihr dürft im Geiste nicht aufs Erwachen harren. Ihr dürft kein Verständnis auf der Grundlage des geschriebenen Wortes erwerben. Und ihr dürft nicht aufgrund von ein paar Erfahrungen des Erwachens denken, dass diese Angelegenheit beendet ist. Macht euch einfach zu einem Idioten oder Dummkopf und verschmelzt den Buddha-Dharma und die weltlichen Lehren in eins. Dann werden Handeln und Benehmen so sein, wie sie schon immer waren. Nicht die Person ist eine andere, sondern ihre Aktivitäten haben sich geändert. Ein Altehrwürdiger sagte: „Der Große Weg war noch nie an Versprachlichung gebunden. Gerade wenn du vom Tiefgründigen und Subtilen sprechen willst, sind Himmel und Erde wie Pole voneinander entfernt. Du musst einfach das Subjektive und Objektive vergessen, dann wird es zum ersten Mal möglich, zu essen, wenn du hungrig bist, und zu schlafen, wenn du müde bist."

*Duanya Yi vom Berg Tianmu
unterweist die Sangha*

Wenn ihr das Weltliche transzendieren, das Reich der Edlen betreten und für immer die Befleckungen loswerden wollt, dann müsst ihr euch eurer stinkenden Haut entledigen und eure Knochen austauschen, dürft keine Streitfragen haben und müsst ins Leben zurückkehren wie kalte Asche, die eine Flamme erzeugt, oder wie ein verwitterter Baum, der noch einmal erblüht. Wie konntet ihr nur denken, es würde einfach? Ich war lange in der Gemeinschaft meines früheren Meisters Gaofeng. Kein einziges Mal, wenn er mir einen kräftigen Schlag mit seinem Stock erteilte, hegte ich den kleinsten Impuls, ihm deshalb fernzubleiben. Noch heute fließen mir unbewusst die Tränen, wenn ich die schmerzhafte Stelle berühre, auf die er schlug. Wie kann es da sein, dass ihr schon beim geringsten Bissen meiner bitteren Worte sofort eure Köpfe abwendet und meine Ermahnungen ignoriert?

*Zhongfeng Ben vom Berg Tianmu
unterweist die Sangha*

Mein verstorbener Lehrer Gaofeng unterwies seine Schüler stets so: „Nehmt nur das Schlüsselwort, das ihr untersucht habt, und verschließt es in eurem Herzen. Ob ihr geht oder sitzt, erforscht es auf diese Weise. Wenn ihr dabei den Ort erreicht, wo Anstrengung nicht mehr relevant ist, wenn also gewollte Aufmerksamkeit nicht mehr angewandt werden kann, dann werdet ihr auf einen Schlag alles abstreifen und zum ersten Mal wissen, dass ihr immer Buddhas gewesen seid. Dieser eine Schachzug ist das *samādhi*, mit dem man Geburt und Tod entkommt und das von allen Buddhas und Patriarchen bis heute erfahren wurde. Wenn ihr Schüler einfach hundertprozentiges Vertrauen habt und keine Rückschritte macht, wird es keinem von euch an Verwirklichung ermangeln.

Während ihr eure Augen aufs Schlüsselwort richtet, also *gongfu* macht, sollt ihr einen festen Stand haben und kompromisslos bezüglich des Erwachens sein. Selbst wenn ihr in diesem Leben nicht erwacht, wird es mit Sicherheit nach der nächsten oder übernächsten Geburt gelingen, so lange euer vertrauensvoller Geist nur keinen Rückzieher macht oder sein Gleichgewicht verliert.

Selbst wenn ihr in zwanzig oder dreißig Jahren nicht erwacht, ist es nicht nötig, nach einem anderen geschickten Übungsmittel zu suchen. Stellt nur sicher, dass euer Geist keine andere objektive Stütze hat als das Schlüsselwort und dass ihr darin Gedanken ans Unwirkliche abgeschnitten habt. Seid sorgfältig und lasst das Schlüsselwort niemals los. Weicht dem Schlüsselwort, das ihr erforscht, nicht aus, sondern setzt eurer Leben daran: Im Leben lebt mit ihm, im Sterben stirbt mit ihm. Wen kümmern schon drei oder fünf, zehn oder hundert Geburten? Wenn ihr noch nicht tiefgründig erwacht seid, verschwendet keine Zeit, egal, was ihr tut. Habt ihr diesen wahren Antrieb, macht euch keine Sorgen, falls die große Angelegenheit noch nicht geklärt ist.

Macht ihr *gongfu* inmitten von Krankheit, dann ist es unnötig, Eifer zu zeigen, tapfer und wild zu sein, die Augenbrauen zu heben und grimmige Blicke abzufeuern. Ihr müsst nur euren Geist wie Holz oder

Stein machen und euer Denken wie tote Asche. Nehmt diesen Illusions-Körper aus den vier Elementen und werft ihn jenseits der Welten der anderen Richtungen. Vertraut in alles, was auch passiert. Selbst wenn ihr krank seid, ist das in Ordnung, und auch wenn ihr ins Leben zurückgebracht werdet, ist das recht; ob euch jemand pflegt oder nicht, ob euer Körper frisch riecht oder unangenehm, ob ihr hundert Jahre lebt oder zwanzig, ja selbst wenn ihr sterbt – es ist okay; und selbst wenn ihr aufgrund vergangenen Karmas in einem Kessel kochenden Wassers oder in einem Kohlebecken landet – es ist in Ordnung. Inmitten all dieser Sinnesbereiche werdet ihr nicht im Mindesten erschüttert. Wenn ihr erkrankt, greift einfach das Schlüsselwort auf, das keinen Geschmack hat, und auf dem Kissen eures Krankenbettes, neben dem Ofen, auf dem ihr Medizin zubereitet, erforscht das Schlüsselwort still für euch selbst.

[Kommentar:] Abertausende von Worten des alten Meisters lehren die Menschen nur, ihre Augen aufs Schlüsselwort zu richten, also wahres *gongfu* zu machen. Für diejenigen, die sich nach wahrem Erwachen sehen, sind seine Worte aufrichtig und direkt. Seine Ratschläge werden für tausend Jahre reichen. Eine detaillierte Aufzeichnung seiner Lehren findet sich in *Tianmu Zhongfeng heshang guanglu*. Ihr solltet sie selbst durchsehen.

Tianru Ze aus Shizifeng hält eine Ansprache

Wenn wir geboren werden, wissen wir nicht, woher wir kommen; dies wird die große Angelegenheit von Geburt genannt. Wenn wir sterben, wissen wir nicht, wohin wir gehen; dies wird die große Angelegenheit vom Tod genannt. Wenn der letzte Tag eures Lebens eintritt, werdet ihr äußerst verwirrt sein, erst recht, wenn der vor euch liegende Weg grenzenlos ist und ihr gemäß eures Karmas Wiedergutmachung leisten müsst. Dies ist eine entscheidende Angelegenheit: das Vergeltungsreich des Samsara. Die Wurzel des samsarischen Karmas liegt in der Tatsache begründet, dass ihr genau jetzt Tönen und Formen folgt und deshalb durcheinander geratet. Aus diesem Grund haben Buddhas und Patriarchen das große Mitleid entworfen und lassen euch das Chan praktisch erforschen oder *Nembutsu* machen. Sie helfen euch, Gedanken ans Unwirkliche zu beseitigen und euer ursprüngliches Gesicht zu erkennen, wodurch sie einen Chinesen von großer Befreiung schaffen, der nicht von den Dingen eingeschränkt wird. Unter denen, die gegenwärtig daran scheitern, diese lichte persönliche Erfahrung zu machen, gibt es drei Arten von

Krankheit. Die erste besteht darin, nicht der Anweisung eines wahren Lehrers zu begegnen. Die zweite besteht in der Unfähigkeit, an der großen Angelegenheit von Geburt und Tod mit konzentrierter Achtsamkeit festzuhalten und stattdessen wie ein Dussel unbewusst in den winzigen Raum [der Untätigkeit] hinter der kleinen Tür neben dem Haupttor zu fallen. Die dritte Krankheit bedeutet die Unfähigkeit, den leeren Ruhm und vergänglichen Gewinn der Welt vollständig zu erkennen und abzulehnen. Wer an diesen Krankheiten leidet, kann unwirkliche objektive Stützen und schlechte Gewohnheitsenergien nicht ablegen. Wenn die acht Winde der Sinnesobjekte sich erheben, schlingern unbewusst all ihre Körper in den Ozean des Karma und treiben ziellos in alle Richtungen. Stromeintreter, die ihr die Dinge so versteht, wie sie wirklich sind: Wie könnt ihr so etwas zulassen? Ihr solltet Vertrauen in das haben, was der Patriarch Tiantong Rujing sagte: „Wenn ein Schwarm verschiedenster Gedanken auffliegt, wie geht ihr damit um? Ein einziges Schlüsselwort ist wie ein Besen aus Eisen: Je mehr ihr fegt, desto mehr Dreck wird aufgewirbelt; je mehr Dreck aufgewirbelt wird, desto mehr fegt ihr. Wenn ihr nicht mehr fegen könnt, stellt euer Leben auf den Kopf und fegt weiter. Auf einmal werdet ihr euch zum großen Himmel durchgefegt haben, und inmitten der zehntausend Unterscheidungen wird sich der einzige Weg auftun." Chan-Anhänger! Strengt euch an! In diesem gegenwärtigen Leben müsst ihr die große Angelegenheit von Leben und Tod erledigen. Vermeidet ewiges Unheil!

Es gibt Menschen, die *Nembutsu* und das praktische Erforschen des Chan nicht für das Gleiche halten. Sie verstehen nicht, dass das praktische Erforschen des Chan die Erkenntnis des Geistes und der wahren Natur zum Ziel hat, *Nembutsu* den Amitâbha der wahren Natur und das Reine Land des Nur-Geistes. Wie könnten dies zwei verschiedene Prinzipien sein? Das *Shûrangama-Sûtra* besagt: „Wenn fühlende Wesen sich durch *Nembutsu* des Buddha erinnern, werden sie direkt vor ihren Augen und auch zukünftig gewiss den Buddha sehen." Weil hier davon gesprochen wird, den Buddha direkt vor den eigenen Augen zu sehen, wie könnte sich diese Übung von der des Chan und dem Erwachen zum Weg unterscheiden?

In Tianru Weizes „Einige Fragen zum Reinen Land" wird eine Frage so beantwortet: „Nehmt einfach die vier Silben A-mi-tâ-bha, macht sie zu einem Schlüsselwort und bringt sie vierundzwanzig Stunden am Tag kühn zu vollem Bewusstsein, bis ihr an dem Ort ankommt, an dem nicht ein einziger Gedanke entsteht. So werdet ihr, ohne all die Stufen der graduellen Übung zu durchlaufen, mittels eines direkten Weges auf die Ebene eines Buddha springen."

Zhiches Tor des Tiefsinns im Reinen Land

Nach einem einmaligen Ertönen des *Nembutsu* oder auch nach drei- oder fünfmaligem frage dich im Stillen: „Dieses Ertönen des *Nembutsu*, woher kommt es?" Oder stelle die Frage im Chan-Sinne: „Wer ist derjenige, der das *Nembutsu* vollzieht?" Wenn du die Empfindung von Zögern-und-Zittern hast, stürze dich mit aller Kraft in sie. Wenn dir diese Chan-Abkürzung nicht zusagt und die Empfindung von Zögern-und-Zittern dir nicht bekommt, dann rücke wieder Folgendes ins Zentrum deiner Aufmerksamkeit: „Dieses Ertönen des *Nembutsu*, woher kommt es?" Wenn du aber die Frage des Reinen Landes und dein Gefühl für Zögern-und-Zittern für kraftlos hältst, erforsche sorgfältig im Sinne der Chan-Abkürzung: „Wer vollzieht das *Nembutsu*?"

[Kommentar:] Der direkte Chan-Weg, sich aufs Schlüsselwort zu konzentrieren, verwendet nicht die Frage des Reinen Landes, sondern richtet das Auge nur auf: „Wer ist derjenige, der das *Nembutsu* ausübt?"

*Wumen Cong vom Berg Xiang
hält eine Ansprache*

Als ich meine erste Audienz beim Alten Lehrer Du hatte, gab er mir das Schlüsselwort: „Nicht Geist, nicht Buddha, nicht fühlendes Wesen." Danach gelobten sechs von uns – darunter Yunfeng und Yueshan –, gemeinsam zu praktizieren. Die nächste Audienz hatte ich bei Jiao Wuneng aus Huaixi, der mich das Schriftzeichen für *wu* ins Zentrum meiner Aufmerksamkeit erheben ließ. Hernach vereinigte ich mich auf dem Berg Changlu mit Gleichgesinnten, wo wir uns „schmolzen und glätteten". Später traf ich den Älteren Bruder Huaishang Jing, der mich fragte: „Welche Ebene des Verständnisses hast du nun nach sechs oder sieben Jahren erreicht?" Ich antwortete: „Jeden Tag ist schlicht nicht ein Ding in meinem Geist." Jing sagte: „Dieses Durcheinander von ‚nicht ein Ding' in dir – woher kommt es?" In Gedanken schien ich es zu wissen, aber es fiel mir nicht ein und ich wagte nicht, meinen Mund zu öffnen. Jing erkannte, dass es meiner Übung an einer Erfahrung des Erwachens mangelte, und er sagte: „Dein *gongfu* inmitten des *samâdhi* ist nicht misslungen, aber dein *gongfu* inmitten der

Bewegung." Diese Worte bestürzten mich, und ich fragte: „Wie sollte ich letztlich diese große Angelegenheit klären?" Jing erwiderte: „Hast du nicht gehört, dass der alte Meister Daochuan sagte: ‚Wenn du ein für allemal die Bedeutung dieser Angelegenheit selbst verstehen willst, schau dir den Großen Wagen im Norden an, indem du dich nach Süden wendest.'" Nach diesen Worten ging er unverzüglich davon. Ich nahm mir diese Anweisung zu Herzen, und als ich ging, wusste ich nicht, dass ich ging, und beim Sitzen war mir dieses Sitzen nicht bewusst. Etwa eine Woche lang widmete ich dem Zeichen für *wu* nicht meine volle Aufmerksamkeit, im Gegenteil, ich konzentrierte mich auf: „Wenn du ein für allemal die Bedeutung dieser Angelegenheit selbst verstehen willst, schau dir den Großen Wagen im Norden an, indem du dich nach Süden wendest." Ich rannte aus Versehen in unseren Putzmann, als er gerade mit anderen auf einer Holzbank saß. Die Empfindung von Zögern-und-Zittern hatte mich in keinster Weise verlassen. Für kurze Zeit wurden mir plötzlich Leere, Klarheit, Leichtigkeit und Reinheit in meinem Geiste bewusst. Ich erkannte, dass Gedanken ans Unwirkliche ausgelöscht waren, als wäre eine Hautschicht abgeschält worden. All die Menschen und Dinge vor meinen Augen wurden unsichtbar, genau wie das Weltall. Für einen kurzen Moment war mir Erwachen vergönnt, und mein ganzer Körper schwitzte. Ich erwachte sogleich zu „um den Großen Wagen im Norden zu sehen, wende dich nach Süden". Schließlich suchte ich Jing auf und berichtete ihm davon. Ich hatte kein Problem damit, einen Erleuchtungsvers zu verfassen. Obwohl es für mich nur noch den einen Weg aufwärts gab, hatte ich jedoch das Stadium nicht erlangt, von den Dingen unbehindert zu sein. Also begab ich mich auf den Berg Xiangyan und verbrachte dort einen Sommer. Ich wurde von Moskitos gestochen und konnte meine Hände beim Sitzen nicht still halten. Dabei dachte ich: Ein Altehrwürdiger sagte einst, man solle den Körper zugunsten des Dharma vergessen, warum sollte ich also eine Mücke fürchten? Ich übte mich in äußerster Geduld. Die Zähne zusammenbeißend und meine Fäuste ballend, widmete ich mich uneingeschränkt der vollen Konzentration aufs Schriftzeichen *wu*. Ich nahm die Mückenstiche immer wieder aufs Neue hin. Da ich mir nicht länger Körper und Geist bewusst war, kehrte ich zur Stille zurück.

Es war, als würden die vier Wände eines Hauses einstürzen. Mein Körper wurde wie das All. Kein einziges Ding befand sich in meinem Geist. Ich fing um acht Uhr morgens mit dem Sitzen in Lotushaltung an und tauchte um 2 Uhr mittags aus dem *samâdhi* auf. Ich erkannte es selbst: Der Buddha-Dharma führt die Menschen nicht hinters Licht, nur das eigene *gongfu* wird ihm womöglich nicht gerecht; auch wenn das eigene Verständnis also klar, subtil und hintergründig sein mag, ist dabei der Gedanke ans Unwirkliche noch nicht erschöpft. So ging ich auf den Berg Guangzhou und praktizierte dort sechs Jahre lang *samâdhi*. Auf dem Berg Lu'an weilte ich ebenfalls sechs Jahre lang, und noch einmal drei auf dem Guangzhou. Erst dann konnte die scharfe Spitze der Ahle den Sack durchstoßen und ich erwachte.

[Kommentar:] Auf solche Art waren die Alten: gewissenhaft und bitteres Leiden erduldend. Nur so erlangten sie die Vereinigung. Heutzutage sind die Menschen gerissen und neigen zu falschen Unterscheidungen. Sie glauben, sofort zu verstehen, und sie schreiben sich sogar plötzliches Erwachen zu. Welch ein Fehler!

Abt Dufeng unterweist die Sangha

Wo ist der Ort, an dem man anfängt, auf dem Weg zu üben? Der Ausgangspunkt ist, das Schlüsselwort in die volle Aufmerksamkeit zu erheben.

Abt Juexue Shicheng unterweist die Sangha

Brüder! Sagen wir, ihr macht drei oder fünf Jahre lang *gongfu*, habt aber den Eingang zum Erwachen nicht im Griff und verwerft dann das Schlüsselwort, mit dem ihr bis dahin gearbeitet habt: Erkennt ihr da nicht, dass dies ein Aufgeben der Praxis auf halbem Weg bedeutet? Es ist bedauerlich, dass ihr schon zuvor so viele Gelegenheiten zur Erkenntnis verpasst habt. Schüler mit Willenskraft begreifen, dass innerhalb der Gemeinschaft das Feuerholz trocken, das Badewasser zweckdienlich und die Sangha-Halle warm ist, und sie geloben, sich drei Jahre lang nicht außerhalb des Klosters herumzutreiben. Gewiss werden sie so diese Freude erfahren. Es gibt aber solche, die nur ein bisschen *gongfu* machen und damit ihren Geistgrund ein wenig reinigen. Sie erfassen einfach einige Sinnesobjekte vor sich und dichten sogleich einen Vierzeiler über ihre Erkenntnis. Sie halten sich fälschlich für Verantwortliche, die die große Angelegenheit geklärt haben, und neigen dazu, den Mund zu voll zu nehmen und ihr Leben im Irrtum zu verbringen. Wenn beim Tod ihr Achtzentimeter-Atem ausbleibt, wie werden sie dann die volle Verantwortung für diese Angelegenheit übernehmen? Söhne Buddhas! Wenn ihr Geburt und Tod entgehen wollt, muss euer Erforschen des Schlüsselwortes wahrhaftig sein, ebenso wie euer Erwachen.

Einige arbeiten mit ihrem Schlüsselwort akribisch ohne Unterbrechung und wissen nicht mehr, dass sie einen Körper haben. Dies nennt man: „Person vergessen, *dharmas* noch nicht vergessen". Einige gelangen zwar an diesen Punkt, wo man den eigenen Körper vergisst, erinnern sich aber plötzlich wieder daran. Dies ist, als würde man in einem Traum Zehntausende Kilometer tief von einer gigantischen Klippe hinabstürzen, um Hilfe rufen und in der Folge verrückt werden. In solchen Umständen ist es nötig, entschieden das Schlüsselwort in den Fokus der Aufmerksamkeit zu rücken. Auf einmal wird sogar dieses vergessen sein, und das nennt man: „sowohl Person als auch *dharmas* sind vergessen". Plötzlich explodiert eine Bohne, die in der kalten Asche vergraben war, und zum ersten Mal versteht man: „Herr Zhang trinkt den Reiswein, aber Herr Li wird betrunken." Dies ist der perfekte Augenblick, zu Meister Juexue zu kommen und seinen Stock zu schmecken! Warum? Weil man durch viele weitere Grenzübergänge der Patriarchen preschen und Kenntnis der relativen Tiefe aller Wahrheiten erlangen muss. Später nähre man seinen edlen Embryo in der Umgebung von Flüssen, Seen und Wäldern. Man warte, bis Drachen und Götter einen empfehlen, und erscheine dann in der Welt, um die persönliche Verwirklichung, die jenseits von Worten liegt, sowie die Lehren zu verbreiten und die Masse von Wesen allüberall zu retten.

Abt Xueting unterweist die Sangha

Vierundzwanzig Stunden am Tag seid wie ein Penner, der alles verloren hat, und richtet euer Augenmerk aufs Schlüsselwort: „Bevor Vater und Mutter dich zeugten, was war da dein ursprüngliches Gesicht?" Kümmert euch nicht darum, ob ihr daraus Energie gewinnt oder nicht oder ob ihr Erstarrung und Ablenkung erfahrt oder nicht. Zerrt einfach inbrünstig das Schlüsselwort in eure volle Aufmerksamkeit.

*Gumei You vom Berg Yang
unterweist die Sangha*

Ihr müsst den Geist der Tapferkeit und Wildheit erzeugen und von resoluter Entschlusskraft sein. Nehmt das geringe Wissen und die nichtigen Einsichten eures gewöhnlichen Lebens, den gesamten Buddha-Dharma, eure Gedichte aus vier- und sechssilbigen Zeilen und euer versprachlichtes *samâdhi*, und auf einen Streich fegt sie alle in den Ozean! Bringt sie nie wieder auf! Nehmt die 84.000 befleckten Gedanken und trennt sie mit einem Schlag ab. Stattdessen nehmt das Schlüsselwort, das ihr bis jetzt erforscht habt, und bringt es unmittelbar ins volle Bewusstsein. Unaufhörlich werdet ihr die Empfindung von Zögern-und-Zittern haben, unaufhörlich wird sie euch bedrängen. Festigt Körper und Geist und untersucht diese Angelegenheit, bis ihr versteht. Macht Erwachen zu eurem einzigen Standard. Stellt keine Vermutungen über die *gong'an* an und sucht nicht nach Prinzipien in Sutren und Büchern. Ihr müsst die Gedanken ans Unwirkliche schleunigst abschneiden und unverzüglich mit der Unterscheidung brechen, dann werdet ihr zum ersten Mal zu Hause ankommen.

Wenn ihr dem Schlüsselwort nicht dauernd volle Aufmerksamkeit widmen könnt, dann konzentriert euch drei Mal hintereinander in Form einer Rezitation darauf. Dabei wird euch bewusst werden, dass ihr Tatkraft besitzt. Seid ihr jedoch erschöpft oder ist euer Geist beklommen, dann steigt sachte von der Sitzplattform hinab und geht umher, bevor ihr auf euer Sitzkissen zurückkehrt; nehmt dann wieder euer Schlüsselwort und verschafft euch einen Zugang dazu, wie gehabt. Wenn ihr aber in dem Augenblick, in dem ihr aufs Sitzkissen zurückkehrt, sofort einschlummert, oder wenn ihr bei geöffneten Augen alle Arten von chaotischen Gedanken hegt, oder wenn ihr eure Blickrichtung von der Wand abwendet, dann steigt hinab und unterhaltet euch flüsternd mit zwei, drei anderen Menschen, plappert lachend drauflos und führt freundliche Gespräche. Wenn ihr aber einen Wust von Chan-Sprüchen, Sutren und Büchern abruft und eure Beredsamkeit zur Schau stellt, wird dieser wirre Aufwand an geistiger Anstrengung bis zum letzten Tag eures Lebens von keinerlei Nutzen sein.

Jiefeng Yu aus Quzhou unterweist Vortragsmeister Shan vom Berg Wutai

Selbst wenn Manjushrî ein goldenes Licht ausstrahlt, deinen Scheitel tätschelt und dich auf seinem Löwen reiten lässt, selbst wenn Avalokiteshvara dich den Dharma lehrt und dabei eintausend Arme und Augen manifestiert, während sich sein Papagei in deiner Hand befindet, so ist all das nur, wie wenn man Formen und Tönen folgt. Was würde das deinem Selbst nutzen? Wenn du die große Angelegenheit für dich selbst klären und durch das Gefängnistor von Samsara treten willst, musst du zuerst deine falschen Verständnisebenen von „Edlen" und „Weltlingen" loswerden. Vierundzwanzig Stunden am Tag leite das Licht des wahren Geistes zu dir selbst zurück und konzentriere dich nur auf dieses Schlüsselwort: „Nicht Geist, nicht Buddha, nicht fühlendes Wesen: Was ist es?" Du darfst niemals im Äußeren suchen. Nehmen wir an, du hättest ein wenig Buddha-Dharma erfasst oder übernatürliche Kräfte oder „das Verständnis eines Edlen" – selbst der kleinste Gedanke solcher Art wäre nur Selbsttäuschung und eine Verleumdung von Buddha und Dharma. Du musst den Ort erreichen, wo du ganz nackt von nichts abhängig bist, wo nicht das Mindeste vorausgesetzt wird, und wo du das eine Auge besitzt. Dann wirst du die Robe sehen, die in Qingzhou gefertigt wurde, und den Riesenrettich aus Zhenzhou, und all dies in deinem eigenen Zuhause nutzbar machen können. So wird es nicht mehr nötig sein, nach übernatürlichen Kräften oder dem Verständnis eines Edlen zu streben.

Xiatang aus dem Lingyin-Kloster
antwortet auf die Worte des Himmelssohnes

Kaiser Xiaozong aus der Song-Dynastie fragte: „Wie kann man Samsara entkommen?" Die Antwort: „Wenn man nicht zum Weg des Mahâyâna erwacht, wird man nie in der Lage sein, zu entkommen." Eine weitere Frage: „Wie kann man Erwachen erlangen?" Antwort: „Die Selbst-Natur, die man von Beginn an besitzt, über Monate und Jahre läutern – so wird man gewiss erwachen."

*Puyan Duan'an vom Berg Dasheng
unterweist die Sangha*

„Die zehntausend *dharmas* kehren ins Eine zurück – wohin kehrt das Eine zurück?" Betreibt kein Sitzen in Lotushaltung, ohne euch auf das Schlüsselwort zu konzentrieren und dabei einsame Stille zu bewahren. Und sitzt auch nicht in Lotushaltung, indem ihr zwar an das Schlüsselwort denkt, aber kein Gefühl von Zögern-und-Zittern habt. Wenn ihr Erstarrung und Ablenkung empfindet, ist es unnötig, einen Gedanken daran zu verschwenden, diese abzustoßen. Widmet schnell dem Schlüsselwort eure Aufmerksamkeit, schüttelt die Befleckungen von Körper und Geist ab und seid entschlossen und beharrlich. Wenn sich die Dinge dennoch nicht so entwickeln, wie es sein sollte, steigt hinab und übt euch im Gehen; wird euch bewusst, dass Erstarrung und Ablenkung verschwunden sind, begebt euch wieder aufs Sitzkissen hinauf. Plötzlich wird das Schlüsselwort sich genau so von selbst in euer Bewusstsein erheben wie Zögern-und-Zittern. Wenn ihr geht, werdet ihr nicht wissen, dass ihr geht, wenn ihr sitzt, werdet ihr euch des Sitzens nicht bewusst sein. Es wird nur das Erforschen der Empfindung von Zögern-und-Zittern geben, einsam und fern, klar und leuchtend. Dies wird der Ort genannt, an dem Befleckungen abgeschnitten werden, oder auch „der Ort des Selbst-Verlustes". Doch auch dies ist nicht der letztgültige Zustand. Bringt die Peitsche noch einmal an und richtet euer Augenmerk auf: „Wohin kehrt das Eine zurück?" Wenn ihr hier ankommt, erfordert euer Bewusstmachen des Schlüsselwortes keine Art von aufeinanderfolgenden Stufen mehr. Es gibt nur das Einssein der Empfindung von Zögern-und-Zittern. Ist alles vergessen, verbleibt nur das Erheben dieses Gefühls. Dies ist gleichbedeutend mit dem Eintreten der Erschöpfung des Geistes beim Zurückwenden des Lichtes und wird „das Vergessen der *dharmas*" genannt. Zum ersten Mal werdet ihr am Ort des Nicht-Geistes ankommen. Ist dies der letztgültige Zustand? Auch nicht, weswegen ein Altehrwürdiger sagte: „Ihr dürft nicht glauben, dass Nicht-Geist der Weg ist. Selbst Nicht-Geist ist durch eine weitere Grenzschranke davon getrennt." Wenn ihr plötzlich einer Form oder einem Ton begegnet – etwa wenn zwei Steine aufeinanderschlagen –, dann werdet ihr ein brüllendes Lachen von euch geben. Die Umwandlung der Grundlage ist eingetreten. So heißt es auch treffend, dass der Ochse aus Huaizhou Körner frisst, doch das Pferd aus Yizhou davon satt wird.

Guzhou unterweist die Sangha

Ehrwürdige! Wie kommt es, dass ihr nicht den großen Eifer erzeugt und tief in euch den feierlichen Eid auf die drei Schätze Buddha, Dharma und Sangha schwört? Wenn Geburt-und-Tod euch nicht klar sind und ihr die Grenzübergänge der Patriarchen nicht passiert habt, dann gelobt, nicht von diesem Bergkloster herabzusteigen! Wendet euch eurem sieben Fuß tiefen Sitzplatz auf der Plattform der Sangha-Halle zu, hängt eure Schale und eure Tasche auf und nehmt die Lotushaltung ein, als wäret ihr eine tausend Fuß hohe Wand. Dieses eine Leben hindurch praktiziert den Weg, bis ihr hindurch dringt. Wenn ihr mit dieser Einstellung euer Bestes gebt, werdet ihr von nichts getäuscht werden. Doch wenn ihr keinen wahrhaftigen Gedanken ans Erwachen erzeugt, wird eure Willenskraft nicht ausreichen. Den Winter hier und den Sommer dort verbringend, heute Fortschritte machend und morgen Rückschritte, werdet ihr lange erfolglos herumtasten und dann behaupten: „Weisheit funktioniert nicht!" Stattdessen widmet ihr euch dann dem Äußerlichen, stopft euch den Bauch voll und macht einen Haufen geheimer

Notizen. Das ist wie fauler Bodensatz in einer Flasche: Wer ihn riecht, dem wird übel und der würgt. Selbst wenn ihr auf diese Weise praktiziert, bis der zukünftige Buddha Maitreya seine Wiederkunft erlebt, wird das bedeutungslos und leidvoll sein.

Taixu unterweist die Sangha

Wenn ihr noch nicht erwacht seid, müsst ihr aufs Sitzkissen und kühl sitzen üben. Konzentriert euch zehn, zwanzig, dreißig Jahre lang auf das Schlüsselwort „dein ursprüngliches Gesicht, bevor dich Vater und Mutter zeugten".

Chushi Qi unterweist die Sangha

Brüder! Einige machen den Mund auf und behaupten: „Ich bin ein Chan-Mönch!" Wenn man so einen fragt, was ein Chan-Mönch ist, glotzt er sofort nach Osten und nach Westen, und seine stummen Mundwinkel scheinen wie eine Tragestange unter einer schweren Last herabzuhängen. Wie schmerzlich und erniedrigend! Solche Kerle haben die Nahrung von Buddhas und Patriarchen zu sich genommen, sind aber unfähig, dieser ursprünglichen Angelegenheit ihre Aufmerksamkeit zu schenken. Mit dröhnender Stimme geben sie, schamlos und ohne zu zögern, Phrasen aus Texten und weltliche Sprichwörter wieder. Dann gibt es einen Typ, der nicht in der Lage ist, sich aufs Sitzkissen zu begeben und das Schlüsselwort „dein ursprüngliches Gesicht, bevor Vater und Mutter dich zeugten" zu erforschen, der aber einen Tagelöhner imitiert, wie er im Schatten im Akkord Reis putzt, und der darauf baut, Verdienst zu erwerben und durch Bereuen vergangener Taten karmische Hindernisse zu beseitigen. Dies ist weit vom Weg entfernt.

„Den Geist verschmelzen und die Gedanken sammeln", „die zehntausend Dinge zusammentragen und in die Leere zurückkehren lassen", „so bald ein einziger Gedanke auftaucht, unterdrücke ihn sogleich" – solches Verständnis ist das eines nihilistischen Nicht-Buddhisten, eines Toten, dessen Geist daran gescheitert ist, zurückzukehren. Dann gibt es diejenigen, die das Potential für Wut, Freude, Sehen und Hören erkannt und diese klar wahrgenommen haben und sich dann übermütig für Menschen halten, die das lebenslange praktische Erforschen des Chan bereits vollendet hätten. Darum will ich von euch wissen: „Wenn die Unbeständigkeit eintritt und sie euren Körper kremieren, so dass er ein Haufen Asche wird, an welchen Ort geht dann dieses Potential für Wut, Freude, Sehen und Hören?" Auf solche Art zu erforschen heißt „Quecksilber-Chan". Dieses „Silber" ist kein echtes Silber, denn im Schmelzofen verflüchtigt es sich. Wenn ich euch also frage, was ihr üblicherweise untersucht, dann antwortet ihr: „Ein gewisser Lehrer gab mir ‚die zehntausend *dharmas* kehren ins Eine zurück, wohin kehrt das Eine zurück?' Und er ließ mich am Verständnis (*hui* 會) dieses *gong'an* arbeiten. Heute ist mir zum ersten

Mal klar geworden, dass dies ein falscher Ansatz war. Bitte, Lehrer, gebt mir ein Schlüsselwort, das mir auf dem rechten Weg hilft." Ich erwidere: „An den *gong'an* der Altehrwürdigen ist nichts verkehrt. Euer Auge ist immer wahrhaftig gewesen, die Falschheit liegt in der Methode des Lehrers." Dann überschütten mich die Schüler mit Bitten, und ich sage: „Wenn ihr das Schlüsselwort ‚Der Hund hat keine Buddha-Natur' gründlich untersucht und plötzlich die Schale aus schwarzem Lack [d. h. Unwissenheit] zertrümmert habt, vertraut euch mir noch einmal an, und ihr werdet den Stock schmecken!"

[Kommentar:] Von Chan-Meister Tianru bis zum Ende der Yuan- und dem Beginn der Ming-Dynastie haben wir lauter verehrte Mönche. Solche wie Jiefeng, Guzhuo und Chushi erlebten beide Zeitalter. Chushi ist der Nachfahre von Miaoxi (Dahui) in fünfter Generation, sein Verständnis gleicht der Leuchtkraft von Sonne und Mond, seine Redekraft und Geisteshaltung der Donnergewalt und der Schnelligkeit des Windes. Er trennte die Wurzel von Samsara unmittelbar ab und entledigte sich der Zweige und Blätter von unwirklichen Gedanken. In ihm ist wahrlich nichts, was den alten Miaoxi beschämen könnte. Von Tianru an bis heute gibt es niemanden, den man wohlwollend mit Chushi vergleichen könnte. Und doch zeigen seine Dharma-Worte nur Dinge des letztgültigen theoretischen Prinzips. Darum gibt es nur wenige dokumentierte Fälle, in denen er Anfänger praktisches *gongfu* machen ließ. Ich habe nur eine oder zwei seiner Aussagen zur Praxis gefunden und hier aufgezeichnet.

Sôn-Meister Poje aus der Koryô-Dynastie
beantwortet einen Brief des Ministers
aus dem Staate Yi

Da Ihr Euch bis jetzt voll aufs *wu* konzentriert habt, gibt es keinen Grund, dies zu ändern. Es versteht sich dennoch von selbst, dass Ihr aufgrund Eures Erforschens des Zeichens *wu* sogleich in ein reiferes Stadium der Übung einträtet, würdet Ihr plötzlich einem anderen Schlüsselwort Eure volle Aufmerksamkeit widmen. Tauscht es aber auf keinen Fall aus, widmet Euch keinem anderen Schlüsselwort! Vierundzwanzig Stunden am Tag konzentriert Euch bei allen Tätigkeiten auf *wu*. Erwartet weder eine Zeitspanne des Erwachens noch eine des Nicht-Erwachens. Und lasst Euch nicht darauf ein, ob das Schlüsselwort irgendeinen Geschmack hat oder nicht, ob Ihr Tatkraft daraus bezieht oder nicht. Erhöht den Druck, an den Ort zu gelangen, wohin Gedanken nicht reichen und wo Nachdenken nicht funktioniert. Das ist genau der Ort, an dem die Buddhas und Patriarchen ihr eigenes Leben wegwarfen.

[Kommentar:] Xu Yuanzhen aus Fujian war im Jahr 1597 Teil eines Expeditionskorps, das die zweite japanische Invasion Chosôns (Koreas) verhindern sollte, und erfuhr diese Geschichte ebendort. Ich habe ihren Kern aufgezeichnet, um sie bekannt zu machen.

*Chushan Qi unterweist die Sangha
am Ende der Wintermeditation*

Ehrwürdige! Habt ihr während der neunzig Tage unserer Wintermeditation Erwachen erlangt? Wenn nicht, war diese Klausur umsonst und ist längst Vergangenheit. Wenn ihr Stromeintreter und damit das wahre Ding seid, dann werdet ihr den *dharmadhâtu* [Bereich der absoluten Wirklichkeit] der zehn Richtungen selbst für eure Einkehrtage vollständigen Erwachens halten. Streitet nicht, ob es lange dauerte oder nicht, ob hundert oder tausend Tage, ob es streng oder locker war. Konzentriert eure Aufmerksamkeit einfach voll auf das Schlüsselwort. Wenn ihr nicht innerhalb eines Jahres erwacht, dann macht ein weiteres Jahr so weiter. Wenn es zehn oder zwanzig Jahre nicht funktioniert, haltet weitere zehn oder zwanzig Jahre durch. Selbst wenn ihr euer ganzes Leben verbraucht, ohne zu erwachen, weicht nie von diesem Entschluss ab! Ihr müsst diesen Ort der Endgültigkeit von Realität erkennen. Dies wird der Tag eurer Entbindung von der Gemeinschaft, vom Sitzen in Lotushaltung und von festgelegten Aktivitäten sein.

Wenn ihr noch nicht in der Lage seid, zum Vorwörtlichen zu erwachen und mit dem Sinn des Chan übereinzustimmen, richtet einfach das *Nembutsu* in eurem Herzen ein. Erforscht es im Stillen zu allen Zeiten und erweckt mit einer Peitsche die Empfindung von Zögern-und-Zittern bezüglich: „Wer ist es, der dieses *Nembutsu* ausübt?" Erhaltet diese Empfindung ununterbrochen von Augenblick zu Augenblick, von Gedanke zu Gedanke, und ihr werdet wie jemand sein, der einen Weg entlang geht und den Punkt erreicht, wo Flüsse und Berge schwinden. Spontan wird sich ein Wandel der Grundlage ergeben. Wenn ihr dann den einen Ton „Aah!" von euch gebt, dann werdet ihr in der Geistsubstanz aufgehen.

[Kommentar:] Sich ganz auf das Schlüsselwort zu konzentrieren bedeutet, in die Klausur einzutreten; Wirklichkeit zu erfahren bedeutet, die Klausur zu verlassen. Bitte vergesst das nicht!

*Dufeng Shan aus Tianzhen
unterweist die Sangha*

Wenn ihr Befreiung von Samsara erlangen wollt, müsst ihr zunächst großes Vertrauen erzeugen und die vier großen Gelübde [den Dharma zu üben, Befleckungen zu beseitigen, alle fühlenden Wesen zu retten, den Buddha-Weg zu vollenden] ablegen. Wenn ihr das *gong'an*, das ihr untersucht, noch nicht zerschmettert und noch nicht das Gesicht erkannt habt, das ihr hattet, bevor euch Vater und Mutter zeugten, und wenn ihr nicht auch die kleinsten bedingten *dharmas*, die sich genau vor euren Augen manifestieren, abgetrennt habt – dann müsst ihr geloben, das bisher erforschte Schlüsselwort nicht aufzugeben, euch nicht von einem wahren Lehrer zu trennen und nicht nach Ruhm und Gewinn zu streben. Wenn ihr absichtlich dagegen verstoßt, werdet ihr auf einen üblen Pfad der Wiedergeburt geraten. Erzeugt ihr aber dieses große Gelübde und schützt diese geistige Einstellung, dann werdet ihr das *gong'an* als „meine Sache" erfassen können. Vielleicht konzentriert ihr euch auf das Zeichen *wu*; doch die Schwierigkeit liegt darin, eure Kraft in „Warum hat der Hund keine Buddha-

Natur?" zu stecken. Vielleicht konzentriert ihr euch auf: „Die zehntausend *dharmas* kehren ins Eine zurück"; doch das Problem steckt in: „An welchen Ort kehrt das Eine zurück?" Vielleicht erforscht ihr das *Nembutsu*; doch die Krux liegt in: „Wer vollzieht das *Nembutsu*?" Richtet das Licht des wahren Geistes neu nach hinten aus und tretet tief in die Empfindung von Zögern-und-Zittern ein. Wenn es in euch keine Tatkraft bewirkt, euer Augenmerk aufs Schlüsselwort zu richten, dann bringt das vorige *gong'an* noch einmal ins volle Bewusstsein, bis zur Frage am Ende. Wiederholt fortwährend das ganze *gong'an* von Anfang bis Ende, dann werdet ihr Mittel finden, mit denen ihr Zögern-und-Zittern herbeiführen könnt. Wenn das Gefühl von Zögern-und-Zittern andauert, konzentriert euch eindringlich. Ihr werdet dann unbewusst einen großen Schritt machen, umkippen und in der Luft hängend einen Salto vollziehen: Das ist die Zeit, um noch einmal zu mir zu kommen und meinen Stock zu schmecken!

Konggu Long unterweist die Sangha

Ihr dürft nicht an das Schlüsselwort denken wie ein entrückter Idiot, es aber auch nicht auf intellektuelle Weise zu verstehen suchen. Jederzeit müsst ihr wild entschlossen sein, diese Angelegenheit zu klären. Wenn ihr über einem Abgrund hängt, werdet ihr plötzlich loslassen, einen Überschlag machen und zum ersten Mal das klare, einzige Strahlen des Geistes sehen. Auch wenn ihr diesen Punkt erreicht habt, dürft ihr euch nicht darin suhlen. Es gibt ja noch den Hammerschlag auf den Hinterkopf, und dieser Grenzübergang ist besonders schwer zu passieren. Auf jeden Fall setzt eure Untersuchung des Schlüsselwortes auf diese Weise fort.

Menschen, die kein Schlüsselwort erforschten und durch sich selbst erwachten gab es wohl früher einmal. Doch seit geraumer Zeit findet sich niemand mehr, der erwachte, ohne großen Eifer beim Erforschen des Schlüsselwortes zu zeigen.

Lehrer Youtan gab Schülern das Schlüsselwort: „Wer übt das *Nembutsu* aus?" Gegenwärtig müsst ihr diese Methode nicht anwenden, übt einfach das gewöhnliche

Nembutsu. Wenn ihr es nie aus den Gedanken verliert, werdet ihr aus eurer Begegnung mit Sinnesobjekten plötzlich einen Vers über die Umwandlung der Grundlage, euer Erwachen, gewinnen. Dann versteht ihr zum ersten Mal, dass das Reine Land der Stille und des Lichts nicht von diesem Ort getrennt ist und Amitâbha Buddha sich nicht jenseits der Grenzen eures eigenen Geistes befindet.

[Kommentar:] Jederzeit müsst ihr wild entschlossen sein, diese Angelegenheit zu klären. Dieser Satz ist sehr subtil. Er sagt alles Wesentliche über die Methode, sich auf das Schlüsselwort zu konzentrieren.

Abt Tianqi unterweist die Sangha

Ihr alle, seid von großer Entschlusskraft und errichtet Tag und Nacht standhaft das Schlüsselwort, das ihr bis heute untersucht habt. Richtet euer Augenmerk auf: „Wie kommt's?" Ihr müsst dies unter allen Umständen klären. Wenn sich die Tage ansammeln und die Jahre zahlreich werden, wird sich die Erstarrung des Geistes – selbst wenn ihr sie nicht bewusst abscheidet – spontan zurückziehen; und auch wenn ihr die Ablenkung nicht selbst auslöscht, wird sie sich spontan aufgebraucht haben. Es wird eine einzige Reinheit ohne Beimischung geben, und keinerlei Gedanken werden aufkommen. Plötzlich werdet ihr euer ursprüngliches Gesicht erkennen, und es wird sein, als würdet ihr aus einem Traum erwachen. Wenn ihr auf eure Vergangenheit zurückblickt, wird sie euch wie eine leere Illusion erscheinen. Die Sache an sich war von Beginn an fertig. Das vollständige Wirken wird für alle Dinge offenbart werden, genau wie es ist. In diesem Land der Großen Ming-Dynastie ist es keine Zeitverschwendung, ein herausragender Mensch zu sein. Und bezüglich dieser Dharma-Lehre ist es keine Zeitverschwendung, ein herausragender

Mönch zu sein. Wenn ihr zu euren alltäglichen Handlungen zurückkehrt, werdet ihr eure Tage gemäß der karmischen Bedingungen zubringen. Wie könnte das nicht lässig und unbeschwert sein?

Den ganzen Tag lang macht ihr *Nembutsu*, seid euch aber nicht bewusst, dass es sich dabei um Buddha-Achtsamkeit handelt. Wenn euch das nicht klar ist, müsst ihr euer Augenmerk aufs Schlüsselwort richten: „Wer übt dieses *Nembutsu* aus?" Mit voller Konzentration aufs Schlüsselwort müsst ihr dies unbedingt zu klären suchen.

[Kommentar:] Dufeng und Tianqi ließen ihre Schüler „Wer vollzieht das *Nembutsu*?" erforschen. Warum meint Konggu, man brauche diese Chan-Methode nicht zu verwenden? Es liegt daran, dass die große Anzahl geistiger Veranlagungen verschiedene Methoden erfordert. Welches geschickte Mittel man auch wählt, es werden keine Hindernisse verbleiben.

Guyin Qin unterweist die Sangha

Welche guten und schlechten Sinnesobjekte ihr auch während des Sitzens in Lotushaltung seht, es liegt stets daran, dass ihr nicht das Schlüsselwort erforscht, also kein rechtes *dhyâna* [Meditation, Versenkung] vollzieht. Ihr schließt im stillem Sitzen bloß die Augen, eurem Geist aber fehlt es an Nachdruck, eure Gedanken fließen angesichts von Sinnesobjekten, und ihr seid halb schlafend, halb wach. Manchmal wollt ihr euch an beschaulichen Sinnesobjekten erfreuen, was dazu führt, dass ihr dann tatsächlich eine Fülle davon erblickt. Jemand, der rechtes *gongfu* betreibt, hält ein Nickerchen, wenn er müde ist. Aufgewacht, erhebt er sich, erweckt seinen Geist, reibt sich die Augen, beißt die Zähne zusammen, ballt die Fäuste und konzentriert sich einfach aufs Schlüsselwort: „Wo ist der endgültige Punkt?" Ihr dürft niemals unter die Herrschaft der Erstarrung geraten und solltet nicht das kleinste Sinnesobjekt beachten.

Beim Gehen, Stehen, Sitzen und Liegen erlaubt dem *Nembutsu* keine Unterbrechung. Ihr müsst Vertrauen haben in: „Wenn die Ursache tiefgründig ist, dann ist es auch die Wirkung." Dies schafft eine Situation, in der ihr – ohne euch besonders darum zu bemühen – spontan *Nembutsu* ausübt. Wenn ihr durchgehend *Nembutsu* auf *Nembutsu* vollziehen könnt, dann ist gesichert, dass das *Nembutsu* ins Einssein verschmilzt. Wenn ihr, während ihr *Nembutsu* macht, die Person, die es ausübt, bei lebendigem Leibe fasst, werden sich Amitâbha und „Ich" als eins manifestieren.

*Yiyan Dengs „Sammlung über das
Auflösen von Zögern-und-Zittern"*

Frage: „Wenn ein Schüler bei einem Lehrer übt, dann wird er manchmal angehalten, sich ganz aufs Schlüsselwort zu konzentrieren, manchmal, bezüglich des Schlüsselwortes Zögern-und-Zittern zu hegen. Sind diese beiden Methoden gleich oder verschieden?" Antwort: „Sobald einer das Schlüsselwort ins volle Bewusstsein erhebt, ist es Zögern-und-Zittern, wie könnten diese beiden Dinge getrennt voneinander sein? Wenn du dich auch nur für einen Augenblick ganz auf das Schlüsselwort konzentrierst, taucht auch die Empfindung von Zögern-und-Zittern auf. Wenn du diese wieder und wieder akribisch erforschst, wird sich deine Wirkmacht vertiefen und deine Konzentration ihr Limit erreichen, und spontan wirst du erwachen."

[Kommentar:] Dieser Abschnitt in der „Sammlung über das Auflösen von Zögern-und-Zittern" ist äußerst präzise und treffend. Heutzutage stecken die Menschen zwischen den beiden Dingen fest und finden keine Lösung. Dies liegt daran, dass sie noch kein wirkliches *gongfu* gemacht haben.

Abt Yuexin unterweist die Sangha

Mit Rage erzeugt einen frischen Ausbruch an Entschlusskraft und erhebt das Schlüsselwort in euer volles Bewusstsein. Im Hinblick aufs letzte (Schlüssel-)Wort müsst ihr die Empfindung von Zögern-und-Zittern dauerhaft, tief und intensiv machen. Erforscht es entweder in der Stille mit geschlossenem Mund oder indem ihr es laut aussprecht. Es sollte so sein, als hättet ihr einen euch wichtigen Gegenstand verloren: Ihr müsst ihn selbst wiederfinden und persönlich zurückerhalten. Inmitten eurer täglichen Handlungen hegt allezeit und an allen Orten keinen anderen Gedanken als den ans Schlüsselwort.

Vordere Sammlung:
Zweites Tor

Beispiele von schmerzhafter Übung
der Patriarchen

Einsames Lotussitzen in einem stillen Raum

Der Große Meister Dao'an saß zwölf Jahre lang einsam in Lotushaltung in einem stillen Zimmer. Er strengte sich geistig aufs Äußerste an und erlangte dann tiefes Erwachen.

[Kommentar:] Der alte Meister strengte sich geistig aufs Äußerste an und erlangte dann tiefes Erwachen. Es lag nicht daran, dass er sich ausschließlich aufs stille Sitzen verließ und dies allein genügt hätte.

In einem Baum sitzen,
der über einer Klippe hängt

Dhyâna-Meister Jinglin hielt einen Vortrag zur Praxis der Versenkung, doch wenn er in Lotushaltung saß, trübte Schläfrigkeit seinen Geist. Er ging zu einer hohen Klippe, und als er herabsah, war sie tausend Fuß tief. Ein einzelner Baum ragte an der Seite heraus. Er machte sich darin ein Strohkissen zurecht und nahm darauf den Lotussitz ein. Zielstrebig konzentrierte er seine Gedanken auf einen einzigen Punkt und brachte so Tage und Nächte zu. Seine Angst davor, die Klippe hinunterzustürzen, war allumfassend, weshalb sein konzentrierter Geist nicht-dualistisch wurde. Folglich erlangte er transzendentes Erwachen.

Gras essen und an Bäumen rasten

Chan-Meister Tongda erklomm den Berg Taibai. Er nahm keine Körner als Nahrung mit. Wenn er hungrig war, aß er Gras; war er müde, lehnte er sich an einen Baum. Er saß aufrecht und dachte an das Tiefgründige. Fünf Jahre lang machte er keine Pause. Als er mit seinem Stock auf einen Erdklumpen stieß und dieser zerfiel, erlangte er grenzenloses großes Erwachen.

[Kommentar:] Egal, ob ihr Gras esst oder an Bäumen rastet, so lange ihr nicht an das Tiefgründige denkt und eure Jahre stattdessen so verbringt, wie es euch gerade passt, ist der Unterschied zwischen euch und einem Hinterwäldler aus den Bergen nur minimal.

Nie den Hüftgürtel der eigenen Robe lösen

Chan-Meister Jinguang Zhao verließ mit dreizehn und neunzehn Jahren sein Zuhause, um im Bergkloster Hongyang zu leben. Er diente Abt Kâshyapa und erfüllte drei Jahre lang aufmerksam seine Pflichten, ohne dabei je den Hüftgürtel seiner Robe zu lösen; wenn er schlief, berührte seine Schulter nie die Matte. So verhielt er sich auch auf dem Berg Gushe, und plötzlich erschloss sich ihm Erwachen.

Sich selbst mit einer Ahle stechen

Die drei Mönche Ciming, Guquan und Langya vereinigten sich zu einer Gruppe, um mit Chan-Meister Fenyang Shanzhao den Buddha-Dharma zu erforschen. Zu dieser Zeit war es in der Hedong-Region im Norden extrem kalt, weshalb viele Menschen dieses Gebiet scheuten. Allein Ciming gab sich dem Weg hin und ließ bei Tag und bei Nacht nicht nach. Wenn er während des nächtlichen Sitzens einzuschlafen drohte, stach er sich selbst mit einer Ahle. Später wurde er zum Nachfolger von Fenyang. Cimings Lehre vom Weg erschütterte die Welt zutiefst. Er wurde als „Löwe vom Westfluss" bekannt.

Stets pflichtbewusst,
auch allein in einem dunklen Zimmer

Chan-Meister Hongzhi diente zunächst Meister Danxia Chun. Einmal unterhielt er sich mit anderen Mönchen über ein *gong'an* und ließ dabei unbedacht ein lautes Lachen ertönen. Chun ermahnte ihn: „Du lachst – wie viele gute Dinge hast du durch diesen einen Ton verloren? Kennst du nicht Yantous Worte: ‚Zeitweise nicht im Zimmer – genau wie ein Toter!'" Hongzhi verbeugte sich zwei Mal und nahm sich das zu Herzen. Fortan zeigte er sich stets gewissenhaft, auch wenn er allein in einem dunklen Zimmer war.

[Kommentar:] Bei Gesprächen über den Weg gedankenlos zu lachen wurde schon von den Altehrwürdigen verdammt. Heutzutage können Mönche gar nicht genug von gewöhnlichen Witzen bekommen und platzen dabei fast vor Lachen. Wenn Chun das sähe, wie würde er wohl reagieren?

Weinen am Abend

Chan-Meister Yi'an Quan war besonders eifrig bei seiner Übung. Wenn der Abend kam, vergoss er Tränen und sagte: „Heute habe ich noch einmal auf die gleiche Weise Zeit verschwendet, und ich weiß noch nicht einmal, wie das morgendliche *gongfu* wird." In der Sangha wechselte der Meister kein einziges Wort mit anderen Menschen und konzentrierte sich nur auf sein *gongfu*.

Drei Jahre Mühen um die Praxis

Chan-Meister Huitang Xin sagte von sich selbst: „Als ich zum ersten Mal den Weg betrat, bildete ich mir ein, dass er ganz leicht sei. Doch als ich meinen inzwischen verstorbenen Meister Huanglong traf, bedachte ich meine täglichen Handlungen und erkannte, dass es dabei zahlreiche Widersprüche zum Prinzip gab. Es folgten drei Jahre Anstrengungen bei der Praxis. Sowohl in bitterer Kälte als auch in brütender Hitze blieb mein Streben ungebrochen. Erst da erlangte ich „Ereignis auf Ereignis in Übereinstimmung mit dem Prinzip". Nun entsprechen sogar mein Räuspern, Spucken und Mit-den-Armen-Wedeln der „Bedeutung des Patriarchen, der aus dem Westen kommt".

*Ein rundes Kissen,
um den Schlaf zu kontrollieren*

Chan-Meister Muzhe Zhenru schlief in seiner Zeit als Gehilfe auf einem runden Holzblock als Kissen. Nach kurzer Zeit kam das Kissen ins Rollen, er wachte auf und setzte sich in Lotushaltung wie zuvor. Dies stellte seine fortwährende Übung dar. Einige meinten: „Du übertreibst es mit der geistigen Anstrengung." Er erwiderte: „Bis jetzt war meine karmische Verbindung zur Weisheit nur fadenscheinig. Wenn ich nicht auf diese Weise übe, fürchte ich, dass mich die Gewohnheitsenergie der Vergangenheit herumzappeln lässt."

Sich im Regen nicht dessen bewusst sein

Der herausragende Eremit Fen verfolgte grimmig den Weg. Er übte eifrig, ohne sich die Zeit für eine einzige Mahlzeit oder einen einzigen Atemzug zu nehmen. Eines Tages lehnte er an einem Steingeländer, während er sich auf das Zeichen für *wu* konzentrierte. Es begann zu regnen, doch er wurde sich dessen erst bewusst, als seine Robe triefend nass war.

Geloben, den eigenen Futon nicht auszurollen

Chan-Meister Fodeng Xun diente Meister Fojian. Gemeinsam mit der Sangha bat er diesen um Unterweisung. Doch er war unkonzentriert und konnte sich dem Erwachen nicht nähern. Da seufzte er: „Bis ich tiefe Verwirklichung in dieser Geburt erlangt habe, gelobe ich, niemals mehr meinen Futon auszurollen." Daraufhin blieb er einfach neunundvierzig Tage lang an einen Pfosten im Hof gelehnt stehen, als wäre er in der Trauerphase um Vater und Mutter. Danach erlangte er großes Erwachen.

Den Brief wegwerfen, ohne besorgt zu sein

Als Chan-Meister Tiemian Bing sich auf einer ausgedehnten Fußreise befand, um einen Lehrer zu finden, erfuhr er kurz nach Verlassen seines Heimatdorfes, dass das Kloster, wo er ordiniert worden war, eines Nachts Feuer gefangen hatte und niedergebrannt war. Als er den Brief erhielt, der ihn darüber informierte, warf er diesen zu Boden und sagte: „Dies verwirrt bloß nutzlos die Gedanken der Menschen, nichts weiter."

Gelobe fest, zu erwachen

Chan-Meister Lingyuan Qing nahm, als er zum ersten Mal den Buddha-Dharma bei Meister Huanglong Xin erforschte, mit der Sangha an einer Frage-und-Antwort-Sitzung teil. Qing hatte keine Ahnung, was vor sich ging. Jede Nacht gelobte er vor den Buddhas: „Ich will meinen Körper und mein Leben erschöpfen, um den Dharma allen fühlenden Wesen zu vermitteln. Darum gelobe ich, schleunigst Verständnis zu erlangen!" Später las er die „Aufzeichnungen von Xuansha", und als er ermüdete, setzte er sich in Lotushaltung vor die Wand. Dann stand er auf, um Gehmeditation zu machen. Als er so dahinging, verlor er einen Schuh, und als er sich bückte, um ihn wieder anzuziehen, erfuhr er plötzlich großes Erwachen.

*Kein einziger Augenblick
eines außerordentlichen karmischen Ereignisses*

Chan-Meister Yuanwu Qin erforschte zum zweiten Mal den Buddha-Dharma bei Meister Dongshan Yan und wurde zu dessen Gehilfen. Bis zur Erschöpfung unternahm er große Anstrengungen, um diese große Angelegenheit zu durchdringen. Als er später selbst Abt war, sagte er sich: „Als ich in Dongshans Sangha war, gab es keinen einzigen Augenblick eines außergewöhnlichen karmischen Ereignisses. Es war einfach so, dass ich nach zehn Jahren großes Erwachen erlangte."

[Kommentar:] In zehn Jahren kein einziger Augenblick eines außergewöhnlichen karmischen Ereignisses – darf ich euch fragen: Im Zeitraum genau dieses Tages heute, wie viele außerordentliche karmische Ereignisse habt ihr da erlebt? In wie vielen Jahren werdet ihr Durchdringen erlangen?

Nicht einen Moment lang unkonzentriert

Chan-Meister Mu'an Zhong studierte zunächst die Tiantai-Lehre und strebte später nach der persönlichen Chan-Verwirklichung der Bedeutung jenseits von Worten. Er suchte Meister Longmen Yuan auf und vergaß nicht einen Moment lang, sich ganz aufs Schlüsselwort zu konzentrieren. Als er einen Spaziergang machte, kam er zufällig an einer Wassermühle vorbei, die zum Kornmahlen genutzt wurde, und las auf einem dort befestigten Schild: „Stets dreht sich das Dharma-Rad." Plötzlich erfuhr er großes Erwachen.

Die Ankunft an der Flussquerung versäumen

Chan-Meister Qingshou Xiang erforschte den Buddha-Dharma bei Puzhao Baogong aus Zhengzhou. Von der Morgen- bis zur Abenddämmerung war er eifrig dabei. Eines Tages gelangte er während eines Botenganges zu Huiyang an die Flussquerung in Zhaodu. Seine Empfindung von Zögern-und-Zittern war ungeteilt, und so bemerkte er nicht, wo er angekommen war. Ein Mönchskamerad, mit dem er unterwegs war, wies ihn darauf hin: „Hier ist die Flussquerung!" Plötzlich vermischten sich in Qingshou Gefühle von Trauer und Freude. Als er Baogong davon erzählte, meinte der: „Dieser atmende Tote – du bist noch nicht dort!" Dann ließ er ihn das Augenmerk aufs Schlüsselwort „Sonnengesichtiger Buddha" richten. Als Qingshou eines Tages stilles Sitzen in der Wolkenhalle übte und hörte, wie ein Schlägel auf die Holztafel traf, erfuhr er großes Erwachen.

Schlafen und Essen sind vergessen

Chan-Meister Songyuan Yue studierte anfangs den Buddha-Dharma bei Ying'an Hua, aber sie verstanden sich nicht gut. Da strengte sich Songyuan noch mehr an und suchte Mi'an Jie auf, dem er sogleich eine Frage nach der anderen stellte. Mi'an seufzte: „Das ist nichts als Buchsbaum-Chan [erst wächst es, dann schrumpft es]!" Songyuan gab sich bewusst noch mehr Mühe, bis er zu schlafen und zu essen vergaß. In dieser Zeit sagte Mi'an gerade auf seinem Zimmer im Einzelgespräch zu einem Mönch: „Nicht Geist, nicht Buddha, nicht fühlendes Wesen." Als Songyuan dies, neben dem Zimmer stehend, hörte, erlebte er ein großes Erwachen.

Mund und Körper vergessen

Chan-Meister Gaofeng Yuanmiao berührte mit seinem Oberkörper nie die Matte, als er in der Sanhga weilte; er hatte Essen und körperliche Bedürfnisse vergessen. Eines Tages ging er aufs Klo und kam nur mit seinem Unterhemd bekleidet wieder heraus, ein anderes Mal öffnete er das Schränkchen hinter seinem Sitzplatz und ging dann davon, ohne es mit der Haspe verschlossen zu haben. Später kehrte er in die Sangha-Halle des Jingshan-Klosters zurück und erlangte dort ein großes Erwachen.

Alle karmischen Hindernisse beseitigen

Chan-Meister Jiefeng Yu studierte den Buddha-Dharma zunächst bei Guyan und Shimen. Er schätzte ihre Dharma-Reden und nahm Tag und Nacht in einsamer Bewegungslosigkeit den Lotussitz ein, kam jedoch nicht auf die rechte Spur. Später erforschte er den Buddha-Dharma bei Zhiyan, der ihm das Schlüsselwort „Nicht Geist, nicht Buddha, nicht fühlendes Wesen" gab. Jiefengs Empfindung von Zögern-und-Zittern wurde noch stärker, und alle karmischen Bedingungen waren beseitigt. Er war sich weder des Schlafens noch des Essens bewusst und wurde wie einer, der das Atmen eingestellt hatte. Eines Tages, an dem er von der Abenddämmerung bis um Mitternacht gesessen hatte, hörte er den Mönch neben ihm aus dem „Lied des Erwachens" *(Yongjia Zhengdaoge)* rezitieren: „Nicht den Gedanken ans Unwirkliche auslöschen und nicht das Wirkliche suchen". Da fühlte er sich, als wäre er von einer schweren Last auf seinen Schultern befreit worden, und er verfasste folgende Verse:

Mitternacht: Plötzlich sind Mond und Finger vergessen.

Die Sonnenscheibe erfüllt den Himmel: rot!

Das Tor für Besucher schließen und sich bemühen, den Buddha-Dharma zu ergründen

Reichsrat Yici Chucai studierte den Buddha-Dharma beim Großen Alten Wansong. Er ließ seine häuslichen Angelegenheiten hinter sich und empfing keine Gäste mehr. Ob es bitterkalt oder brütend heiß war, es gab keinen Tag, an dem er nicht das Kloster aufsuchte, um den Buddha-Dharma von Angesicht zu Angesicht mit Wansong zu ergründen. Er verbrannte Öl, um die Nacht zum Tag zu machen, vertrieb den Schlaf und vergaß fast drei Jahre lang das Essen. Dann erlangte er durch Wansong die Bestätigung seines Erwachens.

[Kommentar:] Indem er sich derart geistig anstrengte, verwirklichte er den Weg auf diese Weise. Wir nennen ihn einen Laien-Bodhisattva. Als Laie hatte er dem Fleischgenuss gefrönt, und doch suchte er einen Mönch auf, um mit ihm über Chan zu sprechen. Wie konnte er das ganz alleine bewerkstelligen!?

An einen Pfosten klopfen

Chan-Meister Zhongfeng Ben diente Gaofeng Yuanmiao in der Höhle Siguan auf dem Berg Tianmu als Gehilfe und praktizierte eifrig bei Tag und bei Nacht. Wenn er müde wurde, schlug er mit seinem Kopf gegen einen Pfosten, um sich wach zu halten. Als er eines Tages das Diamant-Sutra rezitierte, kam er an die Stelle über das Schultern des Tathâgata [eines zur höchsten Erleuchtung Gelangten] und erlangte plötzlich Verständnis. Doch er dachte bei sich, dass seine Verwirklichung noch nicht vollkommen war, wurde trotz der Entbehrungen noch eifriger und ließ nicht nach, seinen Lehrer Gaofeng um Rat zu fragen und Schwierigkeiten zu überwinden. Als er dann das fließende Wasser einer Quelle entdeckte, hatte er ein großes Erwachen.

[Kommentar:] Er dachte bei sich, dass seine Verwirklichung noch nicht vollkommen war, folglich gelangte er an den Ort der vollkommenen Verwirklichung. Heutzutage gibt es viel zu viele, die meinen, auf dem Weg zu sein wäre gleichbedeutend mit Zuhause ankommen. Wie traurig das ist!

Innerhalb des Tores trotz Mühsal eifrig arbeiten

Chan-Meister Dufeng Shan schloss das Tor am Yuxi-Fluss, um in Klausur zu gehen. Er bereitete sich keine Schlafstätte zum Liegen, sondern stellte bloß einen Hocker auf und machte Erwachen zu seinem einzigen Maßstab. Eines Abends fiel er in der Dämmerung in einen lethargischen Schlaf und wachte bis Mitternacht nicht mehr auf. Daraufhin wurde er den Stuhl los und übte nur noch im Stehen, bei Tag und bei Nacht. Als er sich gegen eine Wand lehnte, schlief er jedoch wieder ein. Also gelobte er, sich an nichts mehr anzulehnen und beim Gehen den Kopf aufrecht zu halten. Dies erschöpfte ihn körperlich, und der Dämon des Schlafes wurde immer mächtiger. Er gab einen Klagelaut vor dem Bildnis des Buddha von sich, damit dieser ihn ansporne. In der Folge konnte er Tag für Tag bei seinem *gongfu* Fortschritte machen. Als er dann den Klang einer Glocke vernahm, erlangte er plötzlich Freiheit. Er verfasste diese Verse:

Tief und still, ist das Handeln beendet.

Willst du es berühren, gibt es keine Spur, doch es dröhnt wie Donner.

Ein einziger Ton, der die Erde erschüttert, und Regung-und-Ruhe sind erschöpft.

Der Totenschädel des Karma-Bewusstseins ist zertrümmert, und zum ersten Mal erwacht man aus dem Traum.

Seine Flanken berührten nie die Matte

Chan-Meister Bifeng Jin studierte den Buddha-Dharma bei Puyun Hai, der ihm das Koan der „zehntausend *dharmas*" gab. Er baute darauf drei Jahre lang Zögern-und-Zittern auf. Als er gerade Gemüse erntete, konzentrierte sich plötzlich seine Aufmerksamkeit für eine geraume Zeit. Puyun fragte ihn: „Bist du in *samâdhi* eingetreten?" Bifeng antwortete: „*Samâdhi* und Bewegung spielen darin keine Rolle." Puyun fragte weiter: „Wer ist derjenige, der in *samâdhi* und Bewegung keine Rolle spielt?" Bifeng ergriff seinen Weidekorb und präsentierte ihn dem Lehrer, doch dieser bestätigte die Antwort nicht. Da warf Bifeng den Korb mit dem Gemüse zu Boden, aber Puyun akzeptierte auch dies nicht. In der Folge wurde Bifengs *gongfu* zunehmend feuriger, und weder bei Tag noch bei Nacht berührten seine Flanken die Matte. Dann saß er sieben Tage lang ununterbrochen in Lotushaltung. Eines Tages hörte er jemanden Holz schlagen und erlangte dabei ein großes Erwachen.

Ganz allein stur gongfu *betreibend*

Chan-Meister Wuji aus Xishu schenkte, als er mit *gongfu* anfing, nicht einmal den vier Finger breiten Notizen [des Kanons] Beachtung, er machte einfach stur *gongfu* wie ein Blinder [der nicht nach links und rechts schaut].

> [Kommentar:] Die Idee ist wirklich gut. Wer aber die Prinzipien der überlieferten Texte noch nicht geklärt hat, sollte dies nicht imitieren.

Hintere Sammlung:
Einziges Tor

Beispiele aus den Sutren
zur Bestätigung der vorigen Auswahl

Mahâprajnâ Sûtra

Da war eine Stimme im Himmel, die dem immer weinenden Bodhisattva Sadâprarudita verkündete: „Du solltest nach Osten gehen, um Weisheit *(prajnâ)* zu suchen. Du darfst dabei nicht der Erschöpfung nachgeben, an Schlaf, Essen oder Trinken, ans Wetter oder an die Tageszeit denken. Fürchte dich nicht vor Kälte und Hitze. Inmitten innerer und äußerer *dharmas* lass keine Verwirrung in deinem Geiste zu. Wenn du gehst, schau nicht nach links und rechts, nicht vor oder zurück, hoch oder runter, in die vier Richtungen und so weiter."

Huayan Sutra

Der Vers des Bodhisattvas der Sorgfalt:

Sorgfältige Übung ist wie mit einem Zündstein ein Feuer zu machen:
Wenn du ein paar Mal inne hältst, ehe das Feuer entstanden ist, stirbt jedes Mal dessen Kraft ab.
Bei der Übung nachzulassen ist genau so.

[Kommentar:] Nutzt fortwährend das Bohrende der Weisheit, um euch auf ein einziges Sinnesobjekt zu konzentrieren, und benutzt den Faden der geschickten Mittel, um das Bohren rundherum geschickt auszuführen. Ist die Weisheit des Geistes ungebunden und sind die vier Haltungen Gehen, Stehen, Sitzen und Liegen ohne Unterbrechung, dann wird das Feuer des edlen Weges ausbrechen. Wenn ihr plötzlich einen Gedanken der Unterscheidung erzeugt und auch nur für kurze Zeit Erleuchtung verliert, wird das stets „Aufhören, bevor das Feuer entsteht" genannt.

Mahâsamnipâta-candragarbha Sûtra

Wenn ihr geflissentlich eure Gedanken auf einen Punkt hin bündeln könnt, so dass sie sich nicht zerstreuen, dann werdet ihr die Befleckungen zum Stillstand bringen. Es wird nicht lange dauern, ehe ihr unübertroffenes, makelloses Erwachen vollendet.

Amitâyusûtra

Der Buddha sprach zu Vaidehi, einer Frau des Königs Bimbisâra: „Du solltest den Geist konzentrieren und deine Gedanken in einem einzigen Punkt bündeln."

Dharmapada

Der Weise zieht *prajñâ* heran, um seinen Geist zu üben, und prüft gründlich alle Befleckungen. Es ist, als würde man Eisenerz hunderte Male schmelzen, damit es zu einem reinen Metall wird, oder wie die Aufgewühltheit des großen Ozeans bei Tag und bei Nacht, welche große Meeresschätze hervorbringt. Die menschliche Übung des Geistes ist genau so. Wer sich ihr Tag und Nacht hingibt, wird die Frucht der Erkenntnis ernten.

[Kommentar:] Momentan wissen die Menschen nur, wie man den Geist beruhigt, um in *dhyâna* einzutreten. Es wäre besser, sie würden verstehen, wie man den Geist übt, um die Frucht der Verwirklichung zu erlangen.

Großes Einweihungssutra (Guanding jing)

Der Mönch, der *dhyâna* kultiviert, hat keinen anderen Gedanken. Er behütet das eine Dharma, danach erkennt er die Natur des Geistes.

Sutra der hinterlassenen Lehren (Yijiao jing)

Wenn du den Geist auf einen einzigen Ort beschränkst, wird es nichts geben, mit dem du nicht fertig würdest.

[Kommentar:] Den einen Dharma behüten, sich auf einen Ort beschränken: Wir sollten dankbar sein für das Glück, dass es solche Aussprüche gibt.

Shûrangama Sûtra

Nutzt den einen Gedanken ans Unwirkliche, der den fünf *skandha* entspringt, um äußerst genau das Innere und das Äußere zu erforschen. Nutzt ihn auch, um den reinen Endpunkt zu studieren.

Amitâbha Sûtra (Sukhâvatîvyûha Sûtra)

Behaltet den Buddha-Namen mit unverstörter Einsgerichtetheit des Geistes in Gedanken.

[Kommentar:] In diesen vier Worten „unverstörter Einsgerichtetheit des Geistes" ist das Unterfangen des Chan vollständig enthalten. Die meisten Menschen verlieren dies aus dem Blick.

Lankâvatâra Sûtra

Wenn der Bodhisattva verstehen möchte, dass das Reich des Unterscheidens in „Erfasser und Erfasstes" nur eine Manifestation seines eigenen Geistes ist, sollte er sich von geistiger Verwirrung und Unrast, von Faulheit und Schlaf trennen. Die ganze Nacht lang sollte er sich eifrig im Kultivieren üben.

Ratnakûta Sûtra

Der Buddha erzählte Shâriputra: „Als die beiden Bodhisattvas der Selbstbeschränkung sich in der Vervollkommnung ihres Eifers übten, wurden sie nicht mal für die Dauer eines Fingerschnippens von Schläfrigkeit bedrängt. Tausend Jahre lang gaben sie nichts darauf, ob ihre Nahrung gewürzt oder fad, geschmackvoll oder geschmacklos war. Tausend Jahre lang bemerkten sie beim Bettelgang fürs Essen nicht, ob der Spender ein Mann oder eine Frau war. Tausend Jahre lang weilten sie unter Bäumen, ohne je aufzuschauen, um deren Art zu erkennen. Tausend Jahre lang erinnerten sie sich nicht an ihre Verwandten in ihren Heimatdörfern. Tausend Jahre lang hatten sie nie den Gedanken, sich die Haare schneiden zu lassen. Tausende Jahre hegten sie nicht die Gedanken: ‚Es ist heiß, ich werde mich abkühlen.' – ‚Es ist kalt, ich werde mich aufwärmen.' Tausend Jahre lang mieden sie den nichtigen Diskurs der Welt."

[Kommentar:] Dies ist das Reich des großen Bodhisattvas. Auch wenn Weltlinge nicht dorthin gelangen können, müssen die Schüler es kennenlernen.

Vajraprajnâ Sûtra

Bodhisattva Sadâprarudita praktizierte schon im Alter von sieben Jahren Gehen und Stehen. Weder setzte er sich, noch legte er sich jemals hin.

Mahâsamnipâta Sûtra

Der Mönch „Dharma-Erwachen" schlief nie und praktizierte zwanzigtausend Jahre lang fortwährend Buddha-Achtsamkeit. Er erzeugte keine Gier und keine Wut und richtete seine Aufmerksamkeit nie auf seine Verwandten, auf Nahrung und Kleidung oder anderen Krimskrams fürs körperliche Wohlergehen.

Buddhânusmrtisamâdhi Sûtra

Shâriputra übte zwanzig Jahre lang mit fortdauerndem Eifer rechte Einsicht. Gehend, stehend, sitzend und liegend verfügte er über rechte Achtsamkeit und gründliche Einkehr, und seine Gedanken wurden niemals abgelenkt.

Vikurvanarâjaparipṛcchâ Sûtra

Eine frühere Inkarnation des Königs Vikurvana kultivierte als Mönch den wahren Dharma. Alle 84.000 Dämonen machten ihre Körper unsichtbar, um ihn beobachten zu können. Sie verfolgten ihn tausend Jahre lang, doch sie fanden nicht einen einzigen Gedankenmoment der Verwirrung, in dem sie ihn hätten aufhetzen können.

Tathâgatajnânamudrâ Sûtra

Der Rad drehende König „Weisheit erhebt sich" legte die Herrschaft über sein Land ab und ging in die Hauslosigkeit. Dreitausend Jahre lang bündelte er seine Gedanken auf einen einzigen Punkt. Er lehnte sich nie an etwas an und legte sich niemals nieder.

Madhyamâgama

Der Ehrwürdige Aniruddha, der Ehrwürdige Nanda und der Ehrwürdige Kampila weilten gemeinsam im Wald. Einer nach dem anderen begab sich auf seine Bettelrunde, und jeder kehrte zum Sitzen in Lotushaltung zurück. Am späten Nachmittag ging der erste, der sich vom Sitzen erhob, zuweilen Wasser mit dem Eimer holen. Wenn er es selbst aus dem Brunnen ziehen konnte, machte er es, wenn nicht, bat er einen anderen Mönch, ihm zur Hand zu gehen, und die beiden taten es gemeinsam, ohne miteinander zu reden. Am fünften Tag hatten sie eine Versammlung und sprachen manchmal über den Dharma, manchmal schwiegen sie auch wie die Edlen.

[Kommentar:] Dies war zehntausend Generationen lang der gute Dharma des Zusammenkommens von Gleichgesinnten zum Zwecke der Praxis.

Das Sutra zahlreicher Gleichnisse (Za piyu jing)

Ein Mann aus Vârânasi verließ sein Zuhause und gelobte sich selbst: „Bis ich die Frucht des Heiligen *(arhat)* erlangt habe, werde ich mich nicht zum Ausruhen hinlegen." Tag und Nacht ging er umher, und innerhalb von drei Jahren erlangte er den Weg. In gleicher Weise breitete ein Mönch in Râjagrha Gras aus, um eine Matte zu bilden, und übte darauf das Sitzen. Er gelobte sich selbst: „Bis ich den Weg erlange, werde ich mich nicht vom Sitzen erheben." Wenn er einzuschlafen drohte, stach er sich mit einer Ahle in den Oberschenkel. Innerhalb eines Jahres erlangte er den Weg eines Heiligen.

Samyuktâgama

Auf diese Weise ist der Mönch begeistert bei seiner Übungsmethode. Selbst wenn seine Haut und Muskeln ausgezehrt sind und seine Venen und seine Knochen hervorstehen, legt er den wahren Dharma nicht ab. Selbst wenn er noch nicht erlangt hat, wonach er strebt, gibt er seinen Eifer nicht auf. Er sammelt stets seine Gedanken und lässt seinen Geist niemals schleifen.

[Kommentar:] Man muss das erkennen, was erlangt werden soll. Was ist es? Gemäß diesem Sutra sollte man das Ausfließen[1] erschöpfen, die drei Erkenntnisse[2] und die sechs übernatürlichen Fähigkeiten[3] erlangen sowie die Frucht des Hörers *(shrâvaka)* vollenden.

---

[1] Skt. *âsrava*, und zwar von Begierde, andauernder Existenz, Unwissenheit, fixen Ansichten.

[2] Skt. *trividyâ*, und zwar von früheren eigenen Existenzen, zukünftigen Leben aller fühlenden Wesen und vom „Erschöpfen des Ausfließens".

[3] Skt. *abhijnâ*, und zwar magisch-psychische Kräfte, Klarsehen, Klarhören, die Erinnerung an eigene frühere Leben, die Kenntnis der Gedanken anderer und das Wissen ums „Erschöpfen des Ausfließens".

Die Erwartung heutiger Chan-Schüler lässt sich so ausdrücken, dass man vollständiges Erwachen zum Buddha-Geist erlangen, Allwissenheit verwirklichen und die unübertroffene Buddha-Frucht vollenden sollte.

Dirghâgama

Der Buddha sagte: „Laien, wenn ihr einen Tathâgata [Erleuchteten] den Dharma lehren hört, habt Vertrauen darin und denkt euch: ‚Ich sollte mein Zuhause verlassen, den Weg praktizieren und karmisches Verdienst anhäufen.' Dazu gehört das Erlangen der drei Kenntnisse, die Dunkelheit der Unwissenheit zu tilgen und das Licht der großen Weisheit zu erlangen. All dies gewinnt man aus sorgfältiger Praxis, indem man sich an der Stille und dem Alleinsein erfreut und seine Gedanken ohne Unterlass konzentriert."

[Kommentar:] Die Gedanken pausenlos konzentrieren: Wenn ihr dies lange Zeit macht, werdet ihr die ungestörte Einsgerichtetheit des Geistes erlangen.

Dharmapada

Wenn jemand hundert Jahre lang lustlos und von minderem Eifer ist, ist das schlechter als ein einziger Tag mutiger und wilder Übung aus Begeisterung.

[Kommentar: Wenn ihr die Bedeutung dieses Ausspruchs versteht, werdet ihr nicht daran zweifeln, dass selbst Menschen wie der Bullenschlächter Zhang Shanhe im Reinen Land wiedergeboren werden, wenn sie nur entschlossen zehn *Nembutsu* kurz vor ihrem Tode rezitieren.

Amitâyurdhyâna Sûtra

Wenn du den Geist konzentrierst, eifrig übst und unaufhörlich den Weg suchst, wirst du die Frucht erlangen. Wie könnte da ein Wunsch sein, der sich nicht verwirklicht?

Anantamukhasâdhakadhâranî [zugeschrieben]

In ferner Vergangenheit war Amitâbha Buddha ein Kronprinz. Als er diese subtile, wunderbare Dharma-Lehre hörte, behielt er sie respektvoll in Gedanken und übte mit Begeisterung. Siebentausend Jahre lang berührte sein Oberkörper nicht die Matte, und sein Geist geriet nie in Bewegung.

„Schatzberg des wahren Dharma-Sutra"

Mit Freude strebt er nach dem Mahâyâna, sein Geist ist tapfer und wild. Wenn er sein Leben aufgeben müsste, würde er an nichts in dieser Existenz hängen. Er kultiviert den Bodhisattva-Weg, strengt sich eifrig an und lässt nie im Mindesten nach.

„Sutra der sechs Vervollkommnungen"
(Liuduji jing)

Die Vervollkommnung der religiösen Begeisterung besteht in einem reinen Geist, der in den tiefsten Gründen des Wegs existiert: Voranzuschreiten, ohne je nachzulassen, und es beim Gehen, Stehen, Sitzen und Liegen und selbst, wenn man nach Atem schnappt, nie aufzugeben.

Im Kontinuum von Moment auf Moment lass es niemals los.

Yogâcârabhûmi

Der Buddha sagte: „Wenn ihr euer eigenes früheres Leben anschaut, werdet ihr erkennen, wie ihr seit unzähligen Zeitaltern von Samsara zu Samsara hin und her gegangen seid. Eure Knochen würden aufgehäuft den Berg Sumeru überragen, euer Knochenmark würde die Erde und die großen tausend Welten bedecken, euer Blut wäre stärker als aller Regen, der seit jeher bis heute auf die Welt fiel. Wenn ihr aber dieses Elend von Samsara vermeiden wollt, praktiziert eifrig bei Tag und bei Nacht und spürt das Unbedingte auf."

[Kommentar:] Den Weg suchen, diese subtile, wunderbare Dharma-Lehre hören, mit Freude nach dem Mahâyâna streben, der reine Geist, der in den tiefsten Gründen des Wegs existiert, das Unbedingte aufspüren – dies wird wahres Streben genannt. Wenn ihr hingegen Zeitalter auf Zeitalter euren Körper quält und eurem Geist Schmerzen zufügt, werdet ihr in einem äußeren Weg versinken und der Teilwahrheit des Hînayâna verfallen, und kein Nutzen wird euch je zuteil.

Bodhisattvapûrvacarya Sûtra

In allen Fällen hängt das unmittelbare Buddha-Werden von der Inbrunst ab.

Maitreyaparipṛcchâ Sûtra

Der Buddha sagte zu Ânanda: „Maitreya erzeugte den Gedanken ans Erwachen zweiundvierzig Zeitalter vor mir. Danach erzeugte ich den Gedanken an den Weg, übersprang dank großen Eifers in einer Woche sieben Äonen und erlangte den unübertroffenen wahren Weg."

[Kommentar:] Obwohl Shâkyamuni der Jüngere war, übersprang er in sieben Tagen und Nächten diesen Vorfahren, der ihm so viele Zeitalter voraus war. Dies lag an Shâkyamunis Sorgfalt und Maitreyas Trägheit, oder, wie es das Lotus-Sutra ausdrückt: „Ruhm und Gewinn begehren und sich oft mit der Familie treffen." So war Maitreya also mit der Übung früher dran, mit der Vollendung jedoch später. Und Shâkyamuni verwarf Ruhm und Gewinnstreben, ging in die Berge und Wälder und mied die Gesellschaft von Königen und hohen Beamten. Erkennt dies!

Manjushrîprajnâ Sûtra

Was das *samâdhi* der einen Übung *(ekavyûha samâdhi)* angeht, solltet ihr an einem abgeschiedenen Ort weilen, alle ablenkenden Ideen beiseite legen, eure Gedanken aufs Prinzip der Wirklichkeit hin sammeln und euch einen einzigen Buddha vorstellen. Während Moment auf Moment fortdauert, lasst niemals nach. Inmitten eines einzigen Augenblickes werdet ihr in der Lage sein, alle Buddhas der zehn Richtungen zu sehen und die große vom Dharma inspirierte Beredsamkeit zu erlangen.

Pratyutpannasamâdhi Sûtra

Ich, Bhadrapâla Bodhisattva, werde mich neunzig Tage lang weder hinsetzen noch hinlegen. Selbst wenn meine Muskeln und Knochen verrotten, werde ich so lange nicht aufhören, bis das *samâdhi* vollendet ist.

[Kommentar:] Die beiden vorher genannten Dinge – das *samâdhi* der einen Übung und das obige *samâdhi* der Begegnung mit den gegenwärtigen Buddhas von Angesicht zu Angesicht – verweisen beide aufs *Nembutsu*, enthalten zugleich aber auch andere Methoden wie das Chan. Wer mittels *Nembutsu* reines Karma kultiviert, sollte sich dessen bewusst sein.

„Sutra der 42 Kapitel"
(Fo shuo si shi er zhang jing)

Wer den Buddha-Weg praktiziert, gleicht einem, der mit zehntausend anderen Menschen kämpft. Er legt eine Rüstung an und geht zum Tor hinaus. Vielleicht ist er im Geiste feige, vielleicht macht er auf halbem Wege kehrt; oder er ringt mit dem Feind und stirbt dabei. Vielleicht gelingt ihm auch ein Sieg und er kehrt heim. Der Mönch, der den Weg praktiziert, sollte an dieser Einstellung festhalten: Mit Eifer und Tapferkeit und ohne Furcht vor den Sinnesobjekten, die ihm begegnen, zerschmettere er das Heer der Dämonen und erlange die Frucht des Weges.

[Kommentar:] Wer nur den halben Weg geht und sich dann zurückzieht, kommt nicht voran und beschränkt sich selbst. Wer mit dem Feinde ringt und dabei sein Leben lässt, kommt ein wenig voran, ohne jedoch dabei Verdienst anzusammeln. Wer den Sieg erlangt und nach Hause zurückkehrt, der hat die Illusionen zerstört und den Weg vollendet. Der Grund für seinen Sieg liegt in der Tatsache begründet, dass er an dieser Einstellung unbeirrbar festgehalten hat. Schüler sollten mit Eifer und Tapferkeit und vereintem Bestreben einfach geradewegs voranschreiten. Denkt nicht an Rückzug, fürchtet nicht den Tod! Hieß es nicht in einem vorigen Abschnitt dieses Sutras: „Ich versichere diesem Menschen, dass er den Weg erlangen wird"? Im Lotus-Sutra heißt es: „Ich garantiere nun dir zuliebe diese Angelegenheit. Es handelt sich keinesfalls um eine Lüge." Da der Buddha eine solche Garantie gab, wieso sollte man da an Rückzug denken oder den Tod fürchten?

„Sutra der Medizin-Bodhisattvas"
[Baishajyarâja und Baishajyamudgata]

Denkt unaufhörlich ans Mahâyâna, vergesst es niemals. Übt fleißig und mit Inbrunst, als würdet ihr ein Feuer auf eurem Scheitel löschen.

[Kommentar:] Ihr solltet euch eifrig anstrengen, so als würdet ihr ein Feuer auf eurem Scheitel löschen. Heutzutage rezitieren sie in den Chan-Klöstern von morgens bis abends Sutren, denken dabei aber nicht einmal über deren Bedeutung nach; und selbst wenn sie deren Sinn klären, führen sie nicht diese Angelegenheit aus. Von welchem Nutzen soll das sein?

Ratnamegha Sûtra

Nutze den Geist, um den Geist zu binden und zu festigen. Weil der Geist durch Binden vereint wurde, ist er fortdauernd ohne Unterbrechung. Und weil er gefestigt wurde, ist er stets gelassen.

Abhidharmasamgîtiparyâyapâdashâstra

Nehmen wir an, das Blut und Fleisch meines Körpers wären vertrocknet und ich existierte nur noch als herabhängende Haut und Knochen. Wenn aber der höchste Dharma, den ich von Anbeginn suchte, noch nicht errungen wäre, würde ich doch niemals aufhören. Im Namen meines Eifers würde ich Kälte, Hitze, Hunger, Durst, Schlangen, Skorpione, Stechmücken, Wind, Regen und so weiter mit tiefer Geduld annehmen. Ebenso erduldete ich, wenn meinem Körper von anderen Menschen scharfer Schmerz zugefügt würde und ich leidvolle und Leben raubende Beleidigungen und Verleumdungen erführe.

[Kommentar:] Wenn der höchste Dharma, den du von Beginn an suchtest, noch nicht errungen ist, höre niemals auf – das ist genau der Gedanke, von der das Chan-Tor mit den Worten spricht: Wenn das Schlüsselwort, das du von Beginn an erforscht hast, noch nicht zertrümmert ist, gelobe, niemals aufzuhören!

Saddharmasmrtyupasthâna Sûtra

Wenn du dich eifrig bei der Übung anstrengst, wirst du in die Lage kommen, die vier edlen Wahrheiten zu erkennen. Bewahre also Ruhe in der Wildnis. Mit Eingerichtetheit des Geistes und rechter Achtsamkeit trenne dich von allem Gerede und allen Diskussionen, selbst wenn deine alten Freunde zu Besuch kommen.

Yogacârabhûmishâstra

Die ersten drei der sechs Vervollkommnungen [Geben, Ethik, Geduld] sind in der moralischen Übung *(shîla)* enthalten; die fünfte *dhyâna* ist in der Geistübung *(samâdhi)* enthalten, die sechste *prajnâ* in der Weisheitsübung. Nur die vierte Vervollkommnung *vîrya*, das eifrige Streben, durchdringt alle anderen.

Mahâyânasûtrâlamkâra

Wenn du mit einem vereinten Geist den Weg übst und große Tapferkeit und Wildheit erzeugst, wirst du gewiss zum Erwachen voranschreiten.

Abhidharmamahâvibhâshâshâstra

Der Bodhisattva legte zur Zeit Tishya-Buddhas seine zehn Finger zum respektvollen Gruß aneinander, erhob einen Fuß und intonierte sieben Tage und Nächte lang einen Vers über Buddhas Verdienst. Daraufhin übersprang er sieben Äonen.

[Kommentar:] Wenn jemand über dieses Beispiel nachsinnt und über den Vers im *Dharmapada*, dass das Streben eines einzigen Tages die Nachlässigkeit von hundert Jahren übertreffe, dann erkennt er darin die Wahrheit selbst.

Aufzeichnung aus den westlichen Regionen
(Da tang xiyu ji)

Pârshva verließ mit achtzig Jahren sein Zuhause. Die jungen Mönche waren skeptisch und meinten: „Das Karma eines Menschen, der sein Zuhause verlassen hat, ist zunächst, *dhyâna* zu praktizieren, dann, die Sutren zu rezitieren. Wie will aber nun dieser senile Alte auf dem Weg voranschreiten und die Frucht erlangen?" Als er dies hörte, gelobte Pârshva: „Mein Oberkörper soll nie die Matte berühren, bis ich die drei Körbe des Kanons (Tripitaka) verstanden habe, die fünf Begierden der drei Reiche [der Begierde, der Form, der Formlosigkeit] losgeworden bin und die sechs übernatürlichen Kräfte und acht Befreiungen *(ashtavimoksha)* erlangt habe." Danach studierte und praktizierte er tagsüber die Prinzipien der Lehren, nachts übte er *dhyâna* und bündelte seine Konzentration. In drei Jahren verwirklichte er alles, was er gelobt hatte. Die Menschen seiner Zeit respektierten und bewunderten ihn und sprachen von ihm als „Pârshva" (Rippen).

[Kommentar:] Dieser rüstige und wackere alte Mann ist eine hinreichende Ermahnung für Mönche, die nachlässig werden. Ihr solltet wissen, dass heutzutage Menschen von nur achtzig oder gar hundert Jahren sich immer noch bemühen und eifrig üben müssen.

In der Südsee und Indien weilend und dann zurückkehrend

Dharma-Meister Shanyu [dessen Schüler Yijing die obige Seereise machte] vollzog fortwährend das *Nembutsu* in allen vier Haltungen. Er verschwendete nicht das kleinste bisschen Zeit. Hätte er seine Rezitationen mit kleinen Bohnen abgezählt, hätten diese zwei Wagenladungen gefüllt.

Perlenwald des Dharma-Gartens

Der Mönch Zhicong aus dem Qixia-Kloster weilte während der Chen-Ära westlich der klösterlichen Reliquienstupa. Er übte nur Sitz- und Gehmeditation und hatte gelobt, sich niemals hinzulegen. Seine Gemeinschaft zählte achtzig Mönche, und keiner von ihnen verließ das Kloster.

Kommentar zur
„Abhandlung über das Erkennen des Geistes"
(Kuan hsin-lun)

Selbst wenn ihr nur belanglose Angelegenheiten bewerkstelligen wollt, wird euch das ohne entschlossenen Geist nicht gelingen. Um wie viel mehr gilt das hier, wo ihr die schwere Bürde der fünf Schichten von Befleckungen [Ansicht *(jian)*, Denken in den drei Reichen *(si)* und Unwissenheit *(wuming)*] beseitigen und den großen Ozean des Samsara überqueren wollt! Wie soll euch ohne Fleiß und harte Arbeit der wundervolle Weg bestimmt sein?

Yongjia-Sammlung (Chanzong yongjia ji)

Strebt eifrig nach dem höchsten Weg und kümmert euch nicht um euren Körper und euer Leben.

Praktiziert bei Tag und bei Nacht *prajñâ* und übt eifrig von Geburt zu Geburt. Handelt stets, als würdet ihr ein Feuer auf eurem Scheitel löschen.

Guishans ermahnende Peitsche
(Guishan jingce zhu)

Führt eine genaue Untersuchung der Dharma-Prinzipien durch und setzt dabei Erwachen als euren einzigen Standard.

[Kommentar:] „Standard" bedeutet Maßstab. Macht Erwachen zu eurem einzigen Maßstab, zu eurem Ziel. Dies meint das Chan-Tor mit den Worten: „An welchem Punkt beim praktischen Erforschen des Chan hörst du mit *gongfu* auf?" Dieser Ausspruch von Guishan gibt die Antwort: „Wenn du ein großes Erwachen erlebt hast, ist es das. Ohne Erwachen gibt es kein Aufhören."

Regeln für Buße und Gelübde des Reinen Landes
(Wangsheng jingtu chanyuan yi)

Ob im Sitzen oder Gehen, lass dich niemals ablenken. Du darfst nicht einmal für die Dauer eines Fingerschnippens an die weltlichen fünf Begierden denken, du darfst keine Außenstehenden zu Gesprächen empfangen und auch nicht verspielt mit ihnen scherzen. Vor allem darfst du nie nach Entschuldigungen suchen, um Dinge aufzuschieben oder dem Schlaf zu frönen. Selbst für die Zeit, die es zum Ein- und Ausatmen benötigt oder für irgendeine andere Handlung, solltest du nie die Sammlung deiner Gedanken auf einen Punkt hin abbrechen.

„Reihenfolge der Grenzen des Dharma"
(Fajie cidi chumen)

Verstärke die Peitsche, um den Eifer anzuspornen. Strebe fleißig, ohne anzuhalten. Dies wird die Fähigkeit des Eifers genannt.

Kommentar zu den Versen über den Geist
(Xinfu zhu)

Sucht entschlossen den höchsten Weg. In der Morgen- und Abenddämmerung vertreibt eure Müdigkeit. Sucht nicht im Äußeren. Leert euer Herz und klärt eure Gedanken. Übt stilles Sitzen in einem friedlichen Raum. Richtet euren Körper auf, legt eine Handfläche in die andere und beruhigt euren Geist.

[Kommentar:] Schüler des reinen Karma *[Nembutsu]*! Schließt aus diesen Chan-Sprüchen „Suche nicht im Äußeren" und „Übe stilles Sitzen in einem friedlichen Raum" nicht sofort, dass es nicht nötig sei, *Nembutsu* zu machen. Ihr müsst erkennen, dass das Schriftzeichen *nen* 念 [aus *Nembutsu* 念佛] sich von dem für Geist 心 (*xin*) herleitet und dass Buddha *(butsu)* Selbst bedeutet. Demnach benutzt ihr euren eigenen Geist, um euer Selbst zu *Nembutsu*en; wie könnte dies irgendein Suchen im Äußeren beinhalten? Eure unaufhörliche Praxis des *Nembutsu* begründet bereits *samâdhi*, wie es im Chan-Sitzen erlangt wird. Ausdrücke wie „still" und „friedlich" fügen da gar nichts hinzu!